忙しくても作れる！
料理教室の先生の
アイディアおかず

この本では、料理教室の先生たちが自宅でよく作る
お気に入りのおかずを紹介します。
ベターホームのお料理教室で教える先生は、
家庭のキッチンを預かる"主婦"でもあります。
教室の準備や家事などで、毎日忙しく動き回りながら、
家族のために、おいしい料理を作っています。
掲載した料理にはどれも「すぐに作れる」
「ボリュームたっぷり」「野菜がとれる」など、
料理好きな先生ならではのアイディアが満載。
すぐに作りたくなること間違いなしです！

料理教室の先生が考える、おかず作りの３つのコツ

時間がかかってしまう、栄養が偏りがちなど、調理の悩みはつきません。
料理教室の先生ならではの知恵やコツを紹介します。

1 平日は時短調理

先生といえども、毎日ごちそうを作れるわけではありません。
ふだんの日のおかずは、さっと作れる"スピードおかず"が定番。
その中で食べ飽きないように、おいしく食べられるようにと、工夫をしています。
例えば、「こま切れ肉、とうふやきのこなど、切る手間の少ない材料を使う」
「ぽん酢しょうゆや塩こんぶなど、味つけに便利な食材を活用」
など、ほんのちょっとの知恵で、調理の時短ができます。

参考レシピ
p.10 「豚肉ときのこの塩こんぶ炒め」
p.77 「しいたけのマヨ焼き」
p.78 「なすのぽん酢しょうゆあえ」

2 「プラス野菜」で栄養もしっかり

健康的な生活を送るためには、バランスのよい食事が欠かせません。
献立をきちんと立てて、いろいろな料理から栄養をとるのが理想ですが、
忙しいときにはできないこともあります。
そんなときの先生の知恵は、いつもの料理に野菜をプラスすること。
オムレツは「具だくさんオムレツ」に、
麻婆どうふは、にらをたっぷり入れれば、野菜が一度にとれます。
「プラス野菜」を頭の隅においておけば、忙しいときでも安心です。

参考レシピ
p.60　「にら入り麻婆どうふ」
p.92　「具だくさんオムレツ」

3 節約食材を活用

出費がかさみそうなとき、家計がピンチのときなどは、家に常備している食材や、
スーパーのお買得食材が強い味方になります。
先生がいつも買いおきしているのは、じゃがいもやたまねぎなど日もちする野菜。
肉は安いときにまとめて買って冷凍しておきます。
日ごろは、手ごろなとりむね肉や、とうふや納豆などの節約食材を購入。
これらを組み合わせれば、ボリューム満点のおいしい料理になります。

参考レシピ
p.24　「タンドリー風のやわらかチキン」
p.46　「じゃがいもとたまねぎの重ね煮」
p.113　「納豆タコライス」

料理を もっと 楽しむための3つのコツ

毎日のように料理をしていると、食卓がマンネリ気味になりがち。
モチベーションを高めて、料理を楽しむための先生のコツを紹介します。

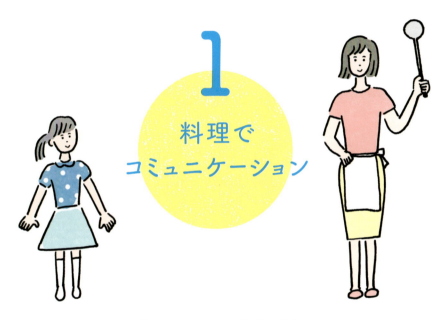

1 料理で コミュニケーション

先生たちは、ハンバーグやコロッケにチーズを入れたり、
たこ焼き味のオムレツを作ったりと、
食べたときにちょっと楽しいサプライズをよくします。
「お母さん、またあのごはん作ってね」「お弁当の卵焼き、おいしかった」
という声があがればあがるほど、作る意欲がわき、料理の腕もますますアップ。
また、家族が風邪を引いたときには、温かくて消化のよいものを、
辛いものがにが手な子どもには、辛味をおさえたものなど、
食べる人のことを思って調理しています。

参考レシピ
p.28 「チーズin煮こみハンバーグ」
p.91 「とうふの中華風茶碗蒸し」
p.109 「豆乳の担々めん」

2 休日は腕まくり

忙しい平日は、スピード重視のかんたん料理、
友人を招く日や休日には、腕によりをかけた料理と、
先生たちはメリハリをつけています。
また、時間のある日は、新鮮な魚を買い求めるために遠出したり、
季節の行事に合わせて、食器やクロスをコーディネートしてみたり。
いつもとは違った楽しさがあると、料理作りのモチベーションも上がります。

参考レシピ
p.120 「豚肉と野菜の蒸し煮」
p.122 「アクアパッツァ」

3 新しい味に挑戦

レパートリーを広げたい人におすすめなのが、
店で食べた味を再現してみること。
料理が大好きな先生は、先生同士で情報交換したり、
話題の店に出かけたりと、おいしいアンテナをピンとはって、
新しい料理の研究に余念がありません。
それをわが家の味にして、常に料理の引き出しを増やしています。

参考レシピ
p.62 「もやしのチャーメン」
p.76 「きゅうりの漬けもの」

CONTENTS

- 2 料理教室の先生が考える、おかず作りの3つのコツ
- 4 料理を＼もっと／楽しむための3つのコツ

肉のアイディアおかず

- 10 豚肉ときのこの塩こんぶ炒め
- 12 野菜たっぷり豚キムチ
- 14 豚肉となすのオイスター炒め煮
- 16 豚ばら肉ともやしのレンジ蒸し
- 17 ピーマンのこま切れ肉詰め
- 18 牛肉の和風シチュー
- 19 牛しゃぶ焼きサラダ
- 20 とり肉の1枚揚げ
- 22 とり肉と卵の照り煮
- 24 タンドリー風のやわらかチキン
- 25 とりむね肉の甘からしょうが焼き
- 26 とり手羽中のにんにくこしょう焼き
- 27 とりささみのひと口カツ
- 28 チーズin煮こみハンバーグ
- 30 ごはん入りロールキャベツ
- 32 れんこんナゲット

魚のアイディアおかず

- 34 さんまのきのこあんかけ
- 36 たいのレンジ香味蒸し
- 38 ベビーほたてとねぎのしょうゆ炒め
- 39 さけのちゃんちゃん風ホイル焼き
- 40 さけの酢豚風
- 42 あんかけえびたま
- 43 あさりと小松菜のペペロンチーノ
- 44 いかのマリネ

野菜のアイディアおかず

- 46 じゃがいもとたまねぎの重ね煮
- 48 新じゃがフライの酢漬け
- 49 カリカリベーコンのポテサラ
- 50 じゃがいもガレット
- 51 いももち
- 52 キャベツと厚揚げのホイコーロー
- 53 キャベツのもりもりサラダ
- 54 だいこんと豚ばら肉の煮もの
- 56 だいこんと塩ざけのサラダ
- 58 にんじんのサラダ風あえもの
- 59 にんじんドレッシングのリボンサラダ
- 60 にら入り麻婆どうふ
- 62 もやしのチャーメン（炒麺）
- 63 ゴーヤとツナの炒めもの
- 64 夏野菜の酸辣湯（サンラータン）
- 65 なすフライ
- 66 かぼちゃのだご汁
- 67 青菜とふんわり卵のスープ
- 68 はくさいの和風ポトフ
- 70 はくさいサラダ
- 71 れんこんの肉詰めピカタ
- 72 きのこのおろしあえ

スピードもう1品＆おつまみのアイディアおかず

- 76 きゅうりの漬けもの
- 76 ほうれんそうとなめたけのあえもの
- 77 えのきのバターホイル焼き
- 77 しいたけのマヨ焼き
- 78 さといものともあえ
- 78 なすのぽん酢しょうゆあえ
- 79 おつまみ春巻き
- 79 おつまみれんこん
- 80 にんじんのたらこ炒め
- 80 わかめとザーサイの炒めもの
- 81 小松菜と油揚げの炊いたん
- 81 しらたきと油揚げのかんたん煮
- 82 まぐろとアボカドのあえもの
- 82 食パンの粉チーズスティック
- 83 五色納豆
- 83 ハム＆チーズのミニ卵焼き
- 84 セロリとじゃこのふりかけ
- 84 ピーマンのとろとろ煮

とうふ・卵・乾物のアイディアおかず

- 86 とうふとアボカドのグラタン
- 88 とうふサラダ
- 89 とうふのめんたいあん
- 90 揚げどうふの黒酢あん
- 91 とうふの中華風茶碗蒸し
- 92 具だくさんオムレツ
- 94 パンのキッシュ
- 96 もずく酢サラダ
- 97 ひじきとささみのわさびあえ
- 98 切り干しだいこんの甘酢漬け

ごはん・めん類のアイディアおかず

- 100 さけの混ぜずし
- 102 かしわ飯(めし)
- 103 ソーセージのシンプルドリア
- 104 ねぎたっぷりチャーハン
- 106 とうもろこしの炊きこみごはん
- 107 あじのひつまぶし風
- 108 小松菜のあんかけ焼きそば
- 109 豆乳の担々(たんたん)めん

ちょっとユニークなアイディアおかず

- 112 さば缶の煮もの
- 113 納豆タコライス
- 114 ほうれんそうの豆乳クリームパスタ
- 115 たこ焼き味オムレツ
- 116 丸ごとトマトのサラダ
- 117 チーズ入りごはんお焼き
- 118 とうふのチヂミ

おもてなしのアイディアおかず

- 120 豚肉と野菜の蒸し煮
- 122 アクアパッツァ
- 123 豚肩ロース肉のプルーン煮
- 124 和風ローストビーフ
- 125 スペアリブのマーマレード煮
- 126 かぼちゃコロッケ
- 127 サラミライス

- 74 先生が家で作っているおかず 人気ベスト3
- 110 味が決まる 先生おすすめ調味料＆食材

この本の表記について

計量の単位
カップ1＝200㎖　大さじ1＝15㎖　小さじ1＝5㎖　㎖＝cc

電子レンジ
加熱時間は500Wのめやす時間です。
600Wなら加熱時間を0.8倍、700Wなら加熱時間を0.7倍にしてください。

グリル
予熱の要・不要は、取扱説明書に従います。片面グリルの場合は、途中で上下を返してください。

フライパン
フッ素樹脂加工のフライパンを使っています。

だし
特に表記のない場合は、けずりかつお（かつおぶし）でとっただしを使います。市販のだしの素は表示どおりに使い、塩分が入っているものを使う場合は、塩分をひかえめにします。

スープの素
ビーフやチキンなど味はお好みで。味見をして、塩分などを調整しましょう。

カロリー・塩分
日本食品標準成分表（六訂）をもとに、ベターホームの見解を加えて計算しています。

肉のアイディアおかず

 「豚肩ロース肉」と「塩こんぶ」があれば…

豚肉ときのこの塩こんぶ炒め

材料（2人分）

豚肩ロース肉（薄切り）…100g
しめじ…1/2パック（50g）
小松菜…100g
塩こんぶ（細切り）…5g
サラダ油…大さじ1/2
A｜酒…大さじ1
　｜しょうゆ…大さじ1/2
　｜みりん…大さじ1/2

作り方（調理時間15分）

1 しめじは根元を落として小房に分ける。小松菜は4cm長さに切る。豚肉は2〜3cm長さに切る。Aは合わせる。
2 フライパンに油を温め、肉を中火で炒める。色が変わったらとり出す。
3 続けて、しめじ、小松菜を炒め、油がまわったら肉を戻し入れる。Aと塩こんぶを加え、全体を混ぜる。

1人分182kcal　塩分1.2g

塩こんぶのうま味で、肉野菜炒めがぐっとおいしくなります。たまねぎ、菜の花などの野菜で作ってもいいですよ。
（名古屋教室　杉戸照代）

「豚肩ロース肉」と「キムチ」があれば…

野菜たっぷり豚キムチ

材料（2人分）

豚肩ロース肉（薄切り）…100g
A│しょうゆ…小さじ1
 │酒…小さじ1
 かたくり粉…大さじ1
キャベツ…150g
ねぎ…1/2本
にら…1/4束（30g）
はくさいキムチ…150g

サラダ油…小さじ1
B│しょうゆ…小さじ1
 │ごま油…小さじ1

作り方（調理時間15分）

1 キャベツは4cm角に切り、ねぎは斜め薄切り、にらは4〜5cm長さに切る。キムチは大きければ3〜4cm長さに切る。
2 豚肉はひと口大に切る。Aをもみこみ、かたくり粉をまぶす。
3 フライパンにサラダ油を温め、肉を中火で焼く。肉の色が変わったらキャベツ、ねぎを加えてざっと炒める。
4 キムチを加えて（写真a）全体を混ぜる。なじんだら、にらを加え、Bを回しかけてざっと混ぜる。

1人分241kcal　塩分2.6g

a

キムチは調味料代わりに使える便利な食材。ピリ辛味で、ごはんもビールも進みます。
（梅田教室　北 弥佳）

「豚ばら肉」と「なす」があれば…

豚肉となすの
オイスター炒め煮

材料（2人分）

豚ばら肉（薄切り）…100g
なす…3個（210g）
ねぎ…10cm
にんにく…1片（10g）
サラダ油…大さじ1・1/2

A 赤とうがらし（小口切り）…1/2本
砂糖…大さじ1/2
酒…大さじ1
オイスターソース…大さじ1/2
しょうゆ…小さじ2
水…50ml

作り方（調理時間15分）

1 なすは皮をしま目にむき、1.5cm幅の輪切りにする。ねぎ、にんにくはみじん切りにする。
2 豚肉は2cm長さに切る。Aは合わせる。
3 フライパンに油大さじ1を温め、なすを中火で炒める。なすに油がなじんだらとり出す（写真a）。
4 続けて油大さじ1/2をたし、ねぎとにんにくを弱火で炒め、香りが出たら肉を加えて中火で炒める。肉の色が変わったら、なすとAを加え、ふたをして4〜5分、汁気が少なくなるまで煮る。

1人分331kcal　塩分1.3g

オイスターソースでこっくりとおいしく仕上がります。なすは油で炒めるので、コクが出ます。
（渋谷教室　羽村雅子）

 「豚ばら肉」と「もやし」があれば…

豚ばら肉ともやしのレンジ蒸し

材料（2人分）

豚ばら肉（薄切り）…150g
もやし…1袋（200g）
塩・こしょう…各少々
＜黒酢だれ＞
黒酢*・しょうゆ…各小さじ2
砂糖…ひとつまみ
ラー油…少々
*なければ、ふつうの酢でも。

食べる器にのせ、蒸し器で蒸すこともあります。材料がシンプルな分、おいしいばら肉を選ぶのがポイントです。
（町田教室　辻井和美）

作り方（調理時間15分）

1. もやしはできればひげ根をとる。豚肉は長さを2〜3等分に切る。
2. 大きめの耐熱皿にもやしを入れ、その上に肉を広げてのせる。塩、こしょうをふり、ふんわりとラップをかける。
3. 2を電子レンジで2〜3分（500W）、肉の色が変わるまで加熱する。
4. たれの材料を耐熱容器に合わせ、電子レンジで約30秒（500W・ラップなし）加熱する。3を器に盛り、たれをかけて食べる。

※1人分ずつ作っても。

1人分319kcal　塩分1.2g

「豚こま切れ肉」と「ピーマン」があれば…

ピーマンのこま切れ肉詰め

材料（2人分）

豚こま切れ肉…100g
A しょうゆ…小さじ1
　 酒…小さじ1
　 こしょう…少々
ピーマン…2個
　 小麦粉…小さじ1/4

作り方（調理時間15分）

1 ピーマンはへたを残して縦半分に切り、種を除く。豚肉にAをもみこみ、4等分にする。
2 ピーマンの内側に小麦粉を薄くつけ、1の肉を詰める。
3 肉の面を上にしてグリルに入れ、焼き色がつくまで両面を6〜8分焼く。
※ 好みでトマトケチャップやソースをつけて食べても。

1人分138kcal　塩分0.5g

「肉詰め」を、ひき肉を使わずにこま切れ肉で作ります。手間が少なくあっという間に完成。
（横浜教室　山本敦子）

「牛肩ロース肉」と「根菜」があれば…

根菜がたっぷり入って、食べごたえ満点。体の中から温まります。
(渋谷教室　宗像陽子)

牛肉の和風シチュー

材料（2人分）

- 牛肩ロース肉（薄切り）…150g
  - 塩・こしょう…各少々
  - 小麦粉…大さじ1
- ねぎ（4cm長さに切る）…1本
- A
  - さといも（1cm厚さの輪切り）…150g
  - ごぼう（皮をこそげて4cm長さの乱切り）…80g
  - しめじ（小房に分ける）…1/2パック（50g）
- さやいんげん…4本
- バター…10g
- B
  - 固形スープの素…1個
  - 水…200ml
- 牛乳…300ml
- しょうが汁…小さじ1/2
- 塩・あらびき黒こしょう…各少々

作り方（調理時間30分）

1. ごぼうは水にさらして水気をきる。さやいんげんは熱湯で色よくゆでて、3～4cm長さに切る。

2. 牛肉は食べやすい長さに切る。塩、こしょうをふり、小麦粉をまぶす。

3. 鍋にバターを中火で溶かし、ねぎをさっと炒める。肉を加えて炒め、色が変わったらAとBを加える。煮立ったらアクをとり、ふたをして弱火で約15分、野菜がやわらかくなるまで煮る。

4. 牛乳を加えて、煮立ったら火を止める。いんげんを加え、しょうが汁と塩を加えて混ぜる。器に盛り、黒こしょうをふる。

1人分478kcal　塩分1.7g

「牛しゃぶしゃぶ肉」と「クレソン」があれば…

牛しゃぶ焼きサラダ

材料（2人分）

牛もも肉（しゃぶしゃぶ用）…100g
クレソン…1束（60g）
しその葉…3枚
万能ねぎ…2本
サラダ油…小さじ1/2
A｜砂糖…大さじ1/2
　｜しょうゆ…大さじ1
　｜酢…大さじ1

かんたんでボリュームのあるサラダとして作りました。外国の方にも好評です。
（町田教室　阿部千晴）

作り方（調理時間15分）

1. クレソンは3〜4cm長さに切る。しそはせん切りにする。合わせて水にさらし、シャキッとしたら水気をきる。万能ねぎは小口切りにする。
2. Aは合わせる。
3. フライパンに油を中火で温め、牛肉を広げて入れ、さっと焼く。Aを加え、ひと煮立ちしたらすぐ火を止める。
4. 1をボールに合わせ、3を汁ごと加えてざっくりと合わせる。

1人分135kcal　塩分1.4g

 >>> 「とりもも肉」があれば…

とり肉の1枚揚げ

材料(2人分)

とりもも肉…1枚(250g)
A　にんにく(すりおろす)
　　　…小1/2片(3g)
　　とき卵…1/2個分
　　しょうゆ…大さじ1
　　酒…大さじ1/2
　　ごま油…小さじ1

かたくり粉…大さじ2
揚げ油…適量
トマトケチャップ…大さじ1
レタス…50g

作り方(調理時間20分　つける時間は除く)

1　トレーやボールにAを合わせる。とり肉は身の厚い部分に切りこみを入れる(写真a)。
2　肉にAをまぶし、20〜30分おく。肉のつけ汁を軽くこそげ、全体にかたくり粉をまぶす。つけ汁はとりおく。
3　揚げ油を160℃に熱し、2の両面を7〜8分かけて色よく揚げる(写真b)。
4　小鍋に2のつけ汁とケチャップを合わせる。混ぜながら中火にかけ、ひと煮立ちさせる(卵が入っているので、やわらかくかたまる)。
5　レタスは5〜6mm幅に切る。3を食べやすく切り、レタスとともに器に盛る。4をつけて食べる。

1人分478kcal　塩分1.5g

肉は切らずに、濃いめの味をつけて揚げます。うま味が逃げないので、外はカリッと中はジューシー。
(渋谷教室　越川藤乃)

+ 「とりもも肉」と「卵」があれば…

とり肉と卵の照り煮

材料（2人分）

とりもも肉…1枚（250g）
A｜砂糖…大さじ1・1/2
　｜しょうゆ…大さじ2
　｜みりん…大さじ2
　｜水…大さじ2
　｜酒…大さじ1/2

ゆで卵…2個
キャベツ…2枚（100g）

作り方（調理時間20分）

1　キャベツはせん切りにする。とり肉は身の厚い部分に切りこみを入れる。

2　鍋にAを合わせて火にかける。煮立ったら肉を入れ、ふたをずらしてのせて弱めの中火で煮る。5分ほど煮たら肉を裏返し、あいているところにゆで卵を入れる（写真a）。さらに約8分煮て、汁気が少し残るくらいで火を止める。そのままさます。

3　肉は約2cm幅に、卵は半分に切る。器にキャベツを盛り、肉をのせて卵を添える。肉に煮汁をかける。

1人分406kcal　塩分2.7g

a

調味液に肉をそのまま入れて煮るだけで、味がしっかりついて、照りも出ます。たっぷりのキャベツと一緒にどうぞ。
（渋谷教室　羽村雅子）

> むね肉をヨーグルトにつけこむと、くさみがとれ、やわらかく仕上がります。
> （仙台教室　三戸祐美子）

「とりむね肉」と「カレー粉」があれば…

タンドリー風のやわらかチキン

材料（2人分）

とりむね肉…1枚(250g)
A ┃ 塩…小さじ1/3
　 ┃ こしょう…少々
　 ┃ 白ワイン…小さじ1
B ┃ プレーンヨーグルト…50g
　 ┃ カレー粉…大さじ1/2
　 ┃ マヨネーズ…大さじ1/2
　 ┃ レモン汁…大さじ1/2
　 ┃ にんにく（みじん切り）
　 ┃ 　…小1片(5g)
ピーマン…2個
たまねぎ…1/4個(50g)
サラダ油…大さじ1/2
塩…少々
ポリ袋（約30cm大）…1枚

作り方（調理時間15分　つける時間は除く）

1　とり肉は1cm幅に切り、Aで下味をつける。ポリ袋にBを順に合わせて肉を入れ、袋の外からよくもむ(写真a)。30分ほどおく。

2　ピーマンは細切りに、たまねぎは薄切りにする。

3　フライパンに油を温め、2を中火でさっと炒める。塩少々をふってとり出す。

4　続けて、肉を並べて入れる（たれはついたままでよい）。こがさないように弱めの中火にかけ、焼き色がつくまで両面を6〜8分焼く。野菜とともに器に盛りつける。

1人分331kcal　塩分1.3g

a

ポリ袋で味をつけると、手が汚れず味もしっかりつきます。

>>> 「とりむね肉」があれば…

とりむね肉の甘からしょうが焼き

材料（2人分）

とりむね肉…1枚（250g）
A
- みそ…大さじ1
- はちみつ…大さじ1
- 酒…大さじ1
- しょうゆ…大さじ1
- ごま油…大さじ1
- しょうが（すりおろす）…1かけ（10g）

かたくり粉…大さじ1
サラダ油…小さじ1
水菜（3〜4cm長さに切る）…50g
ポリ袋（約30cm大）…1枚

作り方（調理時間15分　つける時間は除く）

1. ポリ袋にAを合わせる。とり肉は縦半分に切って、1.5cm幅のそぎ切りにし、袋に入れて30分ほどつける。
2. 肉を袋からとり出し、汁気をぬぐって（つけ汁はとりおく）、全面にかたくり粉をまぶす。
3. フライパンにサラダ油を弱めの中火で温め、肉を入れ、焼き色がつくまで両面を6〜8分焼く。
4. つけ汁を3に加え、肉にからめながらひと煮立ちさせる。水菜とともに盛りつける。

1人分374kcal　塩分2.0g

調味液につけて焼くと、淡泊なむね肉がしっとりおいしくなります。たくさん作っても、おさいふにやさしいのがうれしい。
（神戸教室　野間ユカ）

>>> 「手羽中」があれば…

とり手羽中のにんにくこしょう焼き

材料（2人分）
とり手羽中…8〜10本（270g）
A ┃ しょうゆ…大さじ2
　┃ にんにくチューブ（市販）*
　┃ 　…約5cm（5g）
　┃ あらびき黒こしょう…小さじ1/2
もやし…1袋（200g）
＊にんにく5gをすりおろしても。

切るものはひとつもなし。
忙しいときに頼りになる
メインの1品です。
（渋谷教室　島田優子）

作り方（調理時間20分）

1　もやしはできればひげ根をとる。手羽中は内側のほうから骨にそって切りこみを入れる。ボールにAを合わせる。

2　手羽を皮目を下にしてフライパンに並べ（油はひかない）、弱火にかける。3〜4分焼いて焼き色がついたら裏返し、ふたをしてさらに4〜5分蒸し焼きにする。

3　手羽が焼けたらAに加え、全体にからめる。

4　続けてフライパン（洗わない、油はひかない）でもやしをさっと炒める。器にもやしを敷き、3を汁ごとのせる。

1人分235kcal　塩分2.3g

>>> 「とりささみ」があれば…

とりささみのひと口カツ

材料（2人分）

とりささみ…4本(200g)
A ｜ 塩・こしょう…各少々
　 ｜ 酒…小さじ1
衣 ｜ パン粉…カップ1/4(10g)
　 ｜ いりごま(黒)…小さじ1
　 ｜ 粉チーズ…小さじ1
　 ｜ 塩・こしょう…各少々
揚げ油…適量
ミニトマト(半分に切る)…4個

作り方（調理時間20分）

1. ささみは筋を除き、2〜3つのそぎ切りにする。Aをふり、5分ほどおく。
2. 衣の材料はトレーに合わせる。ささみを入れて、衣を上から手で押しつけるようにして、両面にしっかりつける。
3. 深めのフライパンに、揚げ油を5mm深さほどに入れて170℃に熱し、2を入れて両面を色よく揚げ焼きにする。器に盛り、ミニトマトを添える。

1人分333kcal　塩分0.7g

少ない油で焼くように揚げるうえ、下味の酒でしめらせれば肉に直接パン粉をまぶすだけでOK。忙しい朝でもさっと作れるので、お弁当のおかずにも重宝します。
（渋谷教室　山崎利恵子）

+ 「合いびき肉」と「クリームチーズ」があれば…

チーズin 煮こみハンバーグ

材料（2人分）

合いびき肉…160g
たまねぎ…1/2個(100g)
A　パン粉…カップ1/4(10g)
　　牛乳…大さじ1・1/2
　　とき卵…1/2個分
　　塩…小さじ1/6
　　こしょう・ナツメグ
　　　…各少々

クリームチーズ
　　…個包装2個(36g)
サラダ油…大さじ1/2
B　トマトケチャップ…大さじ2
　　ウスターソース…大さじ1
　　水…50㎖
ブロッコリー…50g

作り方（調理時間30分）

1　ブロッコリーは小房に分ける。熱湯で色よくゆでて、水気をきる。
2　たまねぎはみじん切りにする。フライパンにサラダ油小さじ1（材料外）を中火で温め、たまねぎをしんなりするまで炒める。とり出してさます。Bは合わせる。
3　ボールにひき肉、2のたまねぎ、Aを入れ、ねばりが出るまで混ぜる。2等分し、クリームチーズを1個ずつ中心に入れて（写真a）、小判形に整える。
4　フライパンに油を温め、3を中火で焼く。焼き色がついたら裏返し、裏面にも焼き色がついたらBを加える。ふたをして弱めの中火で7〜8分蒸し焼きにし、中まで火を通す。器に盛ってフライパンに残ったソースをかけ、ブロッコリーを添える。

1人分388kcal　塩分2.0g

a

中にチーズを入れたお楽しみの1品。クリームチーズだと、プロセスチーズよりも溶け出しにくい。
（柏教室　柏木靖乃）

 「合いびき肉」と「キャベツ」があれば…

ごはん入りロールキャベツ

材料(2人分)

キャベツの葉…4枚(200〜250g)
A | 合いびき肉…100g
　| ごはん…80g
　| たまねぎ…25g
　| パプリカ(赤)…1/4個(40g)
　| にんにく…小1片(5g)
　| 塩…小さじ1/4
　| こしょう…少々
ベーコン(4等分に切る)…1枚

B | 固形スープの素…1個
　| 白ワイン…大さじ1
　| ローリエ…1枚
塩・こしょう…各少々
パセリ…1枝

作り方(調理時間50分)

1 キャベツは熱湯でゆでてしんなりさせる(ゆで汁はとりおく)。軸は厚みをそぎ落とす。
2 軸のそぎ落とした部分、たまねぎ、パプリカ、にんにくはみじん切りにする。ボールにAを合わせてよく混ぜ(写真a)、4等分にする。キャベツの葉で包む(写真b)。
3 厚手の鍋に2を並べ入れ、ベーコン、1のゆで汁400mlとBを入れる。落としぶたと鍋のふたをして火にかける。沸騰したら、弱火で30分ほど煮て、塩・こしょう各少々で味をととのえる。
4 器に盛りつけ、パセリの葉をつんで散らす。

1人分270kcal　塩分2.0g

広げたキャベツの手前に肉ダネを置く。手前、片側の葉をたたみ、向こうまで巻いて、残った側の葉を中に押しこむ。

ごはんが入るので、肉の量は少なめでも、ボリュームは変わらず、ふわっとした食感になります。
(千葉教室　髙橋八重子)

「とりひき肉」と「れんこん」があれば…

れんこんナゲット

材料（2人分）

- とりひき肉…150g
- れんこん…100g
- A
  - しょうが…1かけ（10g）
  - とき卵…大さじ1
  - 塩…小さじ1/4
  - 酒…小さじ1
  - しょうゆ…小さじ1/2
  - かたくり粉…大さじ1/2
- 揚げ油…適量

作り方（調理時間20分）

1. れんこんは5〜6mm角に切る。水にさらして水気をきる。しょうがはすりおろす。
2. ひき肉にAを加えてよく混ぜる。ねばりが出たら、れんこんを加えて混ぜる。
3. 2を6等分して、小判形にする（手に油少々（材料外）をつけるとやりやすい）。
4. 揚げ油を170℃に熱し、3を返しながら5〜6分かけて色よく揚げる。

1人分292kcal　塩分1.1g

れんこんの歯ごたえがよく、子どもにも人気です。わが家では、とりむね肉を家でひき肉にし、倍量でたっぷり作ります。
（神戸教室　多田志保）

魚のアイディアおかず

 「さんま」と「きのこ」があれば…

さんまのきのこあんかけ

材料（2人分）

さんま…2尾(300g)
　塩・こしょう…各少々
　小麦粉…大さじ1
サラダ油…大さじ3
しめじ…1/2パック(50g)
しいたけ…1/2パック(50g)
にんじん…3cm(20g)
ピーマン…1個

ごま油…大さじ1/2
A｜酒…大さじ1
　｜スープの素…小さじ1/2
　｜塩…小さじ1/6
　｜しょうゆ・酢…各小さじ1
　｜しょうが汁…小さじ1/2
　｜水…150mℓ
B｜かたくり粉…大さじ1/2
　｜水…大さじ1

作り方（調理時間25分）

1 しめじは根元を落とし、1本ずつほぐす。しいたけは軸を落とし、薄切りにする。にんじんは5mm幅のたんざく切りにする。ピーマンは長さを半分にし、5mm幅に切る。

2 さんまは頭を落とし、切り口から内臓を抜く（写真a）。流水で腹の中をよく洗って水気をふき、半分に切る。塩・こしょう各少々をふり、小麦粉を薄くまぶす。Aは合わせる。

3 フライパンにサラダ油を中火で温め、さんまを入れて4〜5分焼く。両面に焼き色がつき、中まで火が通ったら器に盛る。

4 フライパンの脂をペーパータオルでふく。ごま油を温め、中火で1を炒める。しんなりしたらAを加え、ひと煮立ちしたらBを混ぜて加え、とろみをつける。さんまにかける。

1人分 482kcal　塩分1.8g

a

さんまは塩焼きが定番ですが、これなら野菜も一緒にとれて、目先が変わります。
（渋谷教室　森田陽子）

 「たい」と「香味野菜」があれば…

たいのレンジ香味蒸し

材料（2人分）
たい…2切れ（200g）
A｜塩…少々
　｜酒…大さじ1/2
ねぎ…10cm
しょうが…大1かけ（15g）
酒…大さじ1
B｜しょうゆ…小さじ1
　｜レモン汁…小さじ1

作り方（調理時間20分）

1 たいにAをふり、10分ほどおく。
2 ねぎは5cm長さのせん切りにする。しょうがはせん切りにする。
3 たいの汁気をペーパータオルでふき、耐熱皿に並べる。2をのせ、酒大さじ1をかける。
4 3にラップをふんわりとかけ（写真a）、電子レンジで約3分（500W）加熱する。
5 Bは合わせる。器に4を盛り、Bをかけて食べる。

1人分204kcal　塩分0.7g

a

電子レンジで作るから、片付けもラク。手早くかんたんにできて、おいしい魚のおかずです。
（梅田教室　津田節子）

「ベビーほたて」と「ねぎ」があれば…

ベビーほたてとねぎのしょうゆ炒め

材料（2人分）

ベビーほたて…150g
ねぎ…1本
サラダ油…大さじ1/2
A ┃ しょうゆ…小さじ1
　┃ 酒…小さじ1

作り方（調理時間7分）

1. ねぎは斜め薄切りにする。
2. フライパンに油を温め、中火でねぎとベビーほたてを炒める。
3. ねぎがしんなりしたら、Aを加えて全体にからめる。

1人分76kcal　塩分0.6g

> お買い得のベビーほたてで何か作れないかなと考え、さっと作ったら大成功。10分もかからずに作れ、味も二重丸。
> （池袋教室　山岡美香）

「さけ」と「キャベツ」があれば…

さけのちゃんちゃん風ホイル焼き

材料（2人分）

生さけ*…2切れ（200g）
　塩・こしょう…各少々
キャベツ…100g
たまねぎ…1/4個（50g）
まいたけ…1パック（100g）
サラダ油…少々
A ┌ みそ…大さじ2
　│ 砂糖…小さじ1
　│ 酒…大さじ1
　└ みりん…大さじ1
バター（小さく切る）…10g
アルミホイル…30㎝×40㎝を2枚
＊甘塩さけなら、下味の塩をはぶく。

作り方（調理時間25分）

1. さけに塩、こしょうをふって5分ほどおく。ペーパータオルで汁気をふく。
2. キャベツは4〜5㎝角に切る。たまねぎは薄切りにする。まいたけは小房に分ける。Aは順に合わせる。
3. 1人分ずつ作る。アルミホイルに油を薄く塗り、野菜の1/4量、さけ1切れ、野菜の1/4量の順に重ねて、Aとバターを半量ずつ加え、ホイルの口を閉じて包む。同様にしてもう1つ作る。
4. オーブントースターかグリルで10〜15分、火が通るまで蒸し焼きにする。

1人分237kcal　塩分2.0g

家族全員がそろうときはホットプレートで、そうでないときは1人分ずつ作ります。これなら、いつもできたてが出せます。（札幌教室　松野富久美）

「さけ」と「さつまいも」があれば…

さけの酢豚風

材料（2人分）

生さけ*…2切れ（200g）
　塩…少々
　かたくり粉…大さじ1
たまねぎ…1/2個（100g）
ピーマン…1個
なす…1個（70g）
さつまいも…1/2本（100g）
揚げ油…適量
*甘塩さけなら、下味の塩をはぶく。

A｜砂糖…大さじ1・1/2
　｜かたくり粉…大さじ1/2
　｜酢…大さじ1・1/2
　｜中華スープの素…小さじ1/2
　｜しょうゆ…小さじ2
　｜水…150㎖

作り方（調理時間30分）

1. たまねぎは1cm幅に切る。ピーマン、なすはひと口大の乱切りにする。さつまいもは縦半分にして、5㎜厚さに切る。
2. さけは1切れを3〜4つに切り、塩をふる。
3. 揚げ油を170℃に熱し、1を順にさっと（いもは中に火が通るまで）色よく揚げてとり出す。さけの汁気をペーパータオルでふき、かたくり粉大さじ1をまぶして1〜2分揚げる。
4. 鍋にAを合わせ、混ぜながら中火にかける。とろみがついたら3を加えて、あんをからめる。

1人分380kcal　塩分1.3g

秋野菜をたくさんもらい、旬のさけと酢豚風にしてみたところ、家族に好評でした。
（名古屋教室　藤井敬子）

卵に加えるかたくり粉がふわふわの秘訣。えびは、ブラックタイガーにするとより豪華になります。
（渋谷教室　浜村ゆみ子）

あんかけえびたま

材料（2人分）

- むきえび…70g
- A
  - 塩…少々
  - 酒…小さじ1
- えのきだけ…1袋（100g）
- ねぎ…20cm
- しょうが…1かけ（10g）
- B
  - 卵（ときほぐす）…3個
  - 酒…大さじ1
  - かたくり粉…小さじ1
  - 塩・こしょう…各少々
- サラダ油…大さじ1
- あん
  - スープの素…小さじ1/4
  - 砂糖・しょうゆ…各小さじ2
  - 酢…小さじ1
  - かたくり粉…小さじ1
  - 水…80mℓ

作り方（調理時間20分）

1. えのきは根元を落としてほぐし、4等分に切る。ねぎ5cmは斜め薄切りにし、飾り用にとりおく。残りのねぎと、しょうがはみじん切りにする。
2. えびは背わたがあればとり、大きければ半分に切る。Aをもみこむ。B、あんの材料はそれぞれ合わせる。
3. フライパンに油とみじん切りのねぎ、しょうがを入れ、中火で炒める。香りが出たら、えび、えのきを順に加えて炒める。Bをもう一度混ぜて加え、大きく混ぜる。ふんわりとしたら皿に盛りつける。
4. 続けて、フライパンにあんの材料を入れる。混ぜながら中火にかけ、とろみをつける。3にかけ、とりおいたねぎをのせる。

1人分251kcal　塩分2.0g

「あさり」と「小松菜」があれば…

あさりと小松菜のペペロンチーノ

材料（2人分）

あさり（砂抜きずみ）…100g
小松菜…100g
にんにく…小1片（5g）
赤とうがらし（小口切り）
　…1/2本
サラダ油…大さじ1/2
酒…小さじ2
しょうゆ…小さじ1/2

> 小松菜をザクッと切って、パッと作れます。春は、旬の菜の花で作ってもおいしい。
> （神戸教室　田中浩美）

作り方（調理時間10分　砂抜きする時間は除く）

1. あさりは塩水（水100㎖＋塩小さじ1/2・材料外）に30分ほどつけ、砂抜きする（砂抜きずみのものでも、砂抜きをすると安心）。殻と殻をこすり合わせてよく洗う。
2. 小松菜は4〜5㎝長さに切り、葉と茎に分ける。にんにくは薄切りにする。
3. フライパンに油とにんにく、赤とうがらしを入れて弱火にかける。香りが出たら、強めの中火にし、あさりと小松菜の茎を加えて炒める。
4. 油がまわったら中心に集め、酒を加えてふたをし、蒸し焼きにする。あさりの口が開いたら小松菜の葉を加え、さっと炒める。しょうゆを加えてひと混ぜする。

1人分48kcal　塩分0.7g

「いか」と「セロリ」があれば…

いかのマリネ

材料（作りやすい分量）
いか…1ぱい（250〜300g）
たまねぎ…1/4個（50g）
セロリ…1/3本（30g）
レモンの輪切り…1枚
A　白ワイン…大さじ3
　　酢・レモン汁…各大さじ1
　　塩…小さじ1/4
　　こしょう…少々
　　オリーブ油…大さじ1・1/2
　　ローリエ…1枚

セロリとレモンのさわやかな風味です。冷やして食べると、よりおいしい。
（渋谷教室　山﨑利恵子）

作り方（調理時間15分　つける時間は除く）

1　セロリは筋をとり、4〜5cm長さの薄切りにする。たまねぎは薄切りにする。レモンはいちょう切りにする。

2　ボールにAを順に合わせ、1を加える。

3　いかは内臓をとり、洗う。胴は皮をむき（ここまで店に頼んでも）、7〜8mm幅の輪切りにする。足は吸盤を除き、長いものは半分に切って、1本ずつに切り離す。

4　いかを熱湯で1〜2分ゆでて水気をきり、温かいうちに2に加える。30分以上おくとおいしい。

1人分194kcal　塩分1.4g

野菜のアイディアおかず

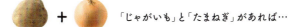「じゃがいも」と「たまねぎ」があれば…

じゃがいもと
たまねぎの重ね煮

材料（2人分）

A
- じゃがいも…1個(150g)
- たまねぎ…1/2個(100g)
- プロセスチーズ…40g
- ベーコン…50g
- コーン（ホール）…50g

- バター…15g
- 小麦粉…小さじ2
- 牛乳…50㎖
- パセリのみじん切り…少々

作り方（調理時間25分）

1 じゃがいもは7〜8㎜厚さの輪切りに、たまねぎは薄切りにする。チーズは1㎝角、ベーコンは5㎜幅に切る。

2 バターは5gずつに切る。口径15㎝くらいの厚手の鍋*にバター5gをちぎって、ところどころにおく。

3 2にAの半量を順に入れ、バター5gをちぎってのせる。小麦粉小さじ1をふる。これをもう一度くり返す(写真a)。

4 牛乳を加え、ふたをして弱火で12〜15分、じゃがいもがやわらかくなるまで蒸し煮にする。器に盛り、パセリのみじん切りを散らす。

*口径の大きいフライパンを使う場合は、具を2回に分けずに一度に広げ入れます。

1人分344kcal　塩分1.4g

a

蒸し煮にするから、いもがほくっとします。ボリューム満点のかんたんおかずです。
（横浜教室　新井治美）

>>> 「新じゃがいも」があれば…

新じゃがフライの酢漬け

材料（2人分）
新じゃがいも*…250g
揚げ油…適量
たまねぎ…1/2個（100g）
ミニトマト…4個
A ┃ 砂糖…小さじ1
　┃ 塩…小さじ1/4
　┃ 酢…大さじ2
　┃ こしょう…少々
　┃ オリーブ油…大さじ1

*直径3cmくらいの小さめのものがよい。

家庭菜園でとれる小いもを素揚げして、酢漬けにしてみたら、新しいおいしさになりました！
（札幌教室　坂田直美）

作り方（調理時間30分）

1　たまねぎは薄切りにし、塩少々（材料外）をふる。しんなりしたら水気をしぼる。ミニトマトは半分に切る。ボールにAを合わせて混ぜる。

2　じゃがいもはよく洗う。大きければひと口大に切り、ペーパータオルで水気をよくふきとる。

3　揚げ油を160℃に熱し、じゃがいもを皮ごと揚げる。竹串で刺してみて、中までスッと入れば揚げあがり。

4　3を熱いうちにAに入れ、たまねぎ、ミニトマトを加えて混ぜる。あら熱がとれるまでおき、味をなじませる。冷やしてもおいしい（冷蔵庫で3日保存可）。

1人分217kcal　塩分0.6g

「じゃがいも」と「ベーコン」があれば…

カリカリベーコンのポテサラ

材料（2人分）

じゃがいも…小2個（250g）
　塩…ひとつまみ
ベーコン…1枚
サラダ油…小さじ1/4
たまねぎ…20g
アンチョビ…1～2枚（5g）
A｜アンチョビの油…小さじ2
　｜マヨネーズ…10g
　｜こしょう…少々
牛乳…大さじ2～3
サラダ菜…1～2枚

> ベーコンはカリッとして、アンチョビの風味がきいた、大人向きのポテトサラダです。
> （札幌教室　熊谷まゆみ）

作り方（調理時間20分）

1. じゃがいもは4～6等分する。かぶるくらいの水で、やわらかくなるまで10分ほどゆでる。水気をきってボールに入れ、塩をふって熱いうちにつぶす。
2. たまねぎは薄切りにする。塩少々（材料外）をふって5分ほどおき、水気を軽くしぼる。Aは合わせる。
3. ベーコンは1cm幅に切る。フライパンに油を温め、ベーコンを中火でカリッとするまで炒める。
4. 1にたまねぎ、3を加え、アンチョビを小さくちぎって加える。A、牛乳を加えてぽってりとするまで混ぜる（まとまらなければ、ようすを見ながら少しずつ牛乳をたす）。器にサラダ菜を敷いて盛る。

1人分221kcal　塩分0.9g

>>> 「じゃがいも」があれば…

じゃがいもガレット

カリッと焼けた面が香ばしく、朝食によく作ります。いもだけで焼き、しょうゆをつけて食べると、和風の味わいになります。
（銀座教室　神谷晴美）

材料（2人分）

じゃがいも…400g
　塩…小さじ1/6
ハム…2枚
ピザ用チーズ…50g
オリーブ油…小さじ2
バター…10g

作り方（調理時間25分）

1　じゃがいもはスライサー（写真a、けがに注意）か包丁でせん切りにする（水にさらさない）。ボールに入れ、塩を加えて混ぜる。ハムは4等分に切る。

2　口径約20cmのフライパンにオリーブ油小さじ1とバター5gを弱火で温め、バターが溶けたら、じゃがいもの半量を広げて平らにする。チーズ、ハムをのせ、残りのじゃがいもを広げる（写真b）。

3　フライ返しなどで上から押さえて平らにし、ふたをして約10分焼く。茶色く色づいたら、焼き面を下にして、皿にすべらせるようにしてとり出す。

4　オリーブ油小さじ1とバター5gをたし、3を返しながら戻し入れる。裏面も同様に7〜8分焼き、放射状に切り分ける。

1人分347kcal　塩分1.5g

>>> 「じゃがいも」があれば…

いももち

材料（8個分）

じゃがいも…2個（300g）
A｜かたくり粉…50g
　｜塩…小さじ1/8
青のり…小さじ1
いりごま（黒）…小さじ1
桜えび…大さじ1
粉チーズ…大さじ1
サラダ油…小さじ1

さめると固くなるので、できたてをどうぞ。棒状に形作って7mm厚さに切り、子どもと一緒に型抜きして作ることもあります。
（札幌教室　浜田志津子）

作り方（調理時間30分）

1. じゃがいもは4〜6等分する。かぶるくらいの水で、やわらかくなるまで10分ほどゆでる。水気をきってボールに入れ、熱いうちにつぶす。

2. 1にAを加えて混ぜ、4等分する。それぞれに青のり、ごま、桜えび、粉チーズを混ぜる。それぞれ2等分し、直径5cm、7mm厚さくらいに丸く形作る。

3. フライパンに油を温め、2を中火で3〜4分焼く。焼き色がついたら裏返し、ふたをして弱火で3〜4分蒸し焼きにする。しょうゆ少々（材料外）をつけて食べても。

1個分約57kcal　塩分約0.1g

 + 「キャベツ」と「厚揚げ」があれば…

キャベツと厚揚げのホイコーロー

材料（2人分）

- キャベツ…200g
- 厚揚げ…1枚（200g）
- ねぎ…1/2本
- ピーマン…1個
- サラダ油…大さじ1
- A
  - 砂糖…大さじ1/2
  - みそ…大さじ1・1/2
  - 酒…大さじ2
  - スープの素…小さじ1/4
  - 豆板醤（トウバンジャン）…小さじ1/2

作り方（調理時間15分）

1. キャベツは4cm角に、ねぎは1cm長さの斜め切りにする。ピーマンは長さを半分にし、1cm幅に切る。
2. 厚揚げは縦半分に切り、1cm幅に切る。Aは合わせる。
3. フライパンに油大さじ1/2を中火で温め、厚揚げを並べる。焼き色がつくまで両面を1〜2分ずつ焼き、とり出す。
4. 続けて、油大さじ1/2を入れ、1を炒める。油がまわったら、厚揚げを戻し入れ、Aを加えて全体を混ぜる。

1人分272kcal　塩分1.9g

厚揚げが入ると満足感UP。さっと作れて、おさいふにもやさしいので、晩ごはんのおかずに役立ちます。
（渋谷教室　山﨑利恵子）

 + 「キャベツ」と「スモークサーモン」があれば…

キャベツのもりもりサラダ

材料（4人分）

キャベツ…200g
たまねぎ…小1個(150g)
ピーマン…1個
　塩…小さじ2/3
スモークサーモン…50g
A｜酢…大さじ3
　｜サラダ油…大さじ3
　｜こしょう…少々
ポリ袋(約30cm大)…1枚

作り方（調理時間15分　おく時間は除く）

1. キャベツとピーマンは2〜3mm幅の細切りにし、たまねぎは薄切りにする。野菜を合わせて塩をもみこみ、水気が出るまで5〜10分おく。
2. サーモンは3cm角に切る。
3. Aをポリ袋に合わせ、1の水気をしぼって入れる。サーモンを加えて、袋の口を手で閉じ、袋を軽くもんで混ぜる。口を閉じ、冷蔵庫で1時間以上おく（冷蔵庫で3日保存可）。

1人分220kcal　塩分1.8g

1日おくと、よりおいしくなります。野菜とスモークサーモンの風味がよく合い、野菜のにが手なわが子がぺろりと食べます。
（柏教室　妹尾清子）

「だいこん」と「豚ばら肉」があれば…

だいこんと豚ばら肉の煮もの

材料（2人分）

だいこん…300g
豚ばら肉（薄切り）…150g
ねぎ…1本
しょうが…大1かけ（15g）
サラダ油…小さじ1

A 砂糖…大さじ1
しょうゆ…大さじ2
酒…大さじ2
水…400ml

作り方（調理時間30分）

1 だいこんは縦4つ割りにし、ひと口大の乱切りにする。ねぎは3〜4cm長さに切る。しょうがは皮をこそげて、薄切りにする。

2 豚肉は約3cm長さに切り、ほぐしておく。

3 鍋に油を温め、ねぎとしょうがを中火で炒める。香りが出たら、肉を加えて炒める。肉の色が変わったら、だいこんを加えて炒める。

4 油がまわったらAを加え、煮立ったらアクをとる。落としぶたをし、鍋のふたをずらしてのせ、弱めの中火で15〜20分煮る。だいこんがやわらかくなったら火を強めて、汁気が少なくなるまで煮つめる。

1人分368kcal　塩分2.2g

だいこんをたっぷり使うので、だいこんの安い時期によく作ります。豚肉を加えるのでコクがあり、食べごたえもあります。
（池袋教室　小関彰子）

「だいこん」と「塩ざけ」があれば…

だいこんと塩ざけのサラダ

材料（2人分）

だいこん…80g
塩ざけ（中辛）…1/2切れ(40g)
セロリ…1/2本(50g)
三つ葉…1/2束
焼きのり…1/4枚
ぽん酢しょうゆ…適量

作り方（調理時間20分）

1 だいこん、セロリは4〜5cm長さのせん切りにする。三つ葉も同じ長さに切り、茎と葉に分ける。
2 さけは、グリルで両面を焼き色がつくまで6〜8分焼く。皮と骨を除き、身をほぐす。
3 三つ葉の葉を除いた1を合わせて器に盛る。三つ葉の葉、さけをのせ、のりをちぎってのせる。食べる直前にぽん酢しょうゆをかけ、混ぜて食べる。

1人分50kcal　塩分0.4g

> 初めてわが家を訪れる方には、必ずこの料理を出しています。だいこんとさけ、紅白の彩りがきれいで、喜ばれます。
> （渋谷教室　山崎美和子）

「にんじん」と「ツナ」があれば…

にんじんのサラダ風あえもの

材料（2人分）

にんじん…1/2本(100g)
たまねぎ…30g
　塩…小さじ1/8
ツナ缶詰(油漬け)
　…小1/2缶(35g)
パセリ(みじん切り)…小さじ1
A｜酢…大さじ1/2
　｜しょうゆ…小さじ1
　｜ごま油…小さじ1
　｜こしょう…少々

作り方（調理時間20分）

1　にんじんは4〜5cm長さの斜め薄切りにして、せん切りにする。たまねぎは薄切りにする。

2　1を合わせ、塩をふって混ぜる。10分ほどおいて水気を軽くしぼる。

3　ボールにAを合わせ、2、ツナ(汁気を軽くきる)、パセリを加え、混ぜる。

1人分112kcal　塩分0.9g

家にある材料で作れ、にんじんがたっぷり食べられます。
（渋谷教室　越川藤乃）

>>> 「にんじん」があれば…

にんじんドレッシングのリボンサラダ

材料(作りやすい分量)

だいこん…10cm
きゅうり…1本
＜ドレッシング＞
にんじん…1/2本(100g)
たまねぎ…1/4個(50g)
A 砂糖…大さじ1
　りんご酢(または酢)
　　…大さじ2・1/2
　しょうゆ…大さじ1
　塩…小さじ1/2
　ごま油…少々
　サラダ油…大さじ2

作り方（調理時間20分）

1. ＜ドレッシング＞にんじん、たまねぎは4～5cm大に切る。クッキングカッター*にかけて、みじん切りにする。
2. Aを加えてさらにかける。混ざったらできあがり（多めにできる。清潔なびんに入れ、冷蔵庫で1週間保存可）。
3. だいこんは縦に1.5cm幅、きゅうりは横半分に切る。それぞれ皮むき器で薄くリボン状にけずる。器に盛り、ドレッシングをかける。

1人分73kcal　塩分0.5g

*クッキングカッターがない場合はすりおろしても。

家族が好きな、手作りドレッシングです。しょうゆを入れるので、和風テイスト。どんな野菜にも合います。
（柏教室　金塚直美）

「にら」と「とうふ」があれば…

にら入り麻婆(マーボー)どうふ

材料（2人分）

にら…1/2束(50g)
とうふ（もめん）…1丁(300g)
豚ひき肉…100g
A しょうが…小1かけ(5g)
　にんにく…小1片(5g)
豆板醤(トウバンジャン)…小さじ1/2
サラダ油…大さじ1/2

B 砂糖…大さじ1/2
　みそ…大さじ1・1/2
　酒…大さじ1
　しょうゆ…大さじ1/2
　スープの素…小さじ1/2
　水…150ml
　かたくり粉…大さじ1/2
ごま油…大さじ1/2

作り方（調理時間20分）

1　とうふは1.5cm角に切り、熱湯でさっとゆでて水気をきる。

2　にらは3cm長さに切る。Aはみじん切りにする。Bは順に合わせる。

3　深めのフライパンにサラダ油とAを入れ、弱火で炒める。香りが出たら豆板醤を加えて炒め、なじんだらひき肉を加えて中火で炒める。肉の色が変わったら、Bを混ぜて加え、とうふを加える。混ぜながら約1分煮て、とろみがついたら、にらを加えて（写真a）さっと火を通す。ごま油を回し入れる。

1人分302kcal　塩分2.8g

わが家の麻婆どうふは、ねぎを使わずに、にらをたっぷり入れます。色も栄養もアップします。
（池袋教室　近藤美恵子）

 >>> 「もやし」があれば…

もやしのチャーメン(炒麺)

材料(2人分)

もやし…1袋(200g)
豚ひき肉…30g
にんじん…20g
万能ねぎ…1/3束(30g)
卵…1個
サラダ油…小さじ1/2
A│スープの素…小さじ1/2
 │しょうゆ…小さじ1/2
 │塩・こしょう…各少々

作り方(調理時間10分)

1. もやしはできればひげ根をとる。にんじんは4〜5cm長さのせん切りにする。万能ねぎは4〜5cm長さに切る。卵は割りほぐす。
2. フライパンに油を温め、ひき肉を中火で炒める。もやし、にんじんを加え、しんなりするまで炒める。
3. 万能ねぎとAを順に加えてざっと混ぜる。卵を流し入れて大きく混ぜ、半熟くらいになったら火を止める。

1人分106kcal　塩分1.1g

もやしをめんのように、くったり炒めるのがポイント。主菜作りの合間にパパッと作れるので、おつまみにもなります。
(池袋教室　小原千珠子)

「ゴーヤ」と「ツナ」があれば…

ゴーヤとツナの炒めもの

材料(2人分)

ゴーヤ…1/2本(120g)
たまねぎ…1/2個(100g)
ツナ缶詰(油漬け)…小1缶(70g)
ごま油…大さじ1/2
塩…少々
しょうゆ…小さじ1
こしょう…少々

作り方(調理時間10分)

1 ゴーヤは縦半分に切って種とわたをとり、3〜4㎜厚さに切る。たまねぎは薄切りにする。

2 フライパンにごま油を温め、1を中火で炒める。たまねぎが透き通ってきたら塩をふる。

3 ツナの汁気を軽くきって加え、炒め合わせる。しょうゆを加えてひと混ぜし、こしょうをふる。

1人分 154kcal　塩分 1.0g

ゴーヤは油との相性がよく、豚肉やツナと炒めると、にが味がマイルドになります。
(銀座教室　家原昌代、難波教室　矢野都紀)

>>> 「夏野菜」があれば…

夏野菜の酸辣湯(サンラータン)

そうめんを入れて食べても美味。夏の昼食にぴったりです。
（渋谷教室　吉田栄子）

材料（2人分）

トマト…小1個（100g）
オクラ…3本
なす…1個（70g）
豚ばら肉（薄切り）…50g
卵…1個
サラダ油…大さじ1

A | 水…300ml
　| 酒…大さじ1
　| 中華スープの素…小さじ1
　| 塩…小さじ1/2
　| こしょう…少々

B | かたくり粉…大さじ1/2
　| 水…大さじ1

C | 酢…大さじ1/2〜1
　| しょうゆ…小さじ1/2
　| ごま油…小さじ1/2
　| ラー油…小さじ1/2〜1

作り方（調理時間15分）

1. トマトは1cm幅のくし形に切る。オクラはがくのまわりをむき、斜め3等分に切る。なすは長さを半分にし、7〜8mm幅の細切りにする。卵は割りほぐす。

2. 豚肉は7〜8mm幅に切る。

3. 鍋にサラダ油を温め、肉、オクラ、なすを中火で炒める。肉の色が変わったら、トマトとAを加え、ふたをして3〜4分煮る。

4. Bを混ぜて加え、混ぜながらとろみをつける。火を弱め、卵を細く流し入れる。ゆっくりと混ぜ、C（酢、ラー油は好みで量を加減する）を加えて火を止める。

1人分263kcal　塩分2.5g

>>> 「なす」があれば…

なすフライ

材料（2人分）
なす…1個（70g）
衣 ┃ 小麦粉…大さじ1/2
　 ┃ 卵水…[とき卵1/2個分
　 ┃ 　　　＋水小さじ1]
　 ┃ パン粉…大さじ4
揚げ油…適量
トマトケチャップ・好みのソース
　…各適量

作り方（調理時間15分）

1 なすは縦8つ割りにする。
2 なすの全面に小麦粉をしっかりつける。卵水、パン粉の順に衣をつける。
3 深めのフライパンに揚げ油を2cm弱の深さまで入れ、160〜170℃に熱する。2を色よくなるまで返しながら揚げる。
4 皿に盛り、ケチャップやソースなどをつけて食べる。

1人分136kcal　塩分0.3g

衣のサクサクとなすのやわらかさが一度に味わえて、くせになるおいしさ。ビールのおともにどうぞ。
（銀座教室　佐藤崇子）

 + 「かぼちゃ」と「小麦粉」があれば…

かぼちゃのだご汁

昔ながらのすいとん風汁もの。かぼちゃがほんのりと甘く、素朴でしみじみとした味わいです。
（大宮教室　濱野由佳）

材料（2人分）

- かぼちゃ…100g
- A｜小麦粉…50g
  ｜水…50㎖
- ごぼう…50g
- とりもも肉…80g
- だし…600㎖
- みそ…大さじ1・1/2
- ねぎ（小口切り）…5㎝
- 七味とうがらし…少々

作り方（調理時間20分）

1. ボールにAを合わせ、泡立器でなめらかになるまで混ぜる（写真a）。
2. かぼちゃはひと口大に切る。ごぼうは皮をこそげてささがきにし、水にさらして水気をきる。とり肉は2㎝角に切る。
3. 鍋にだしと2を入れ、中火で7～8分煮る。肉に火が通ったら、1をスプーンですくい入れる（だんご＝だご）。
4. 1～2分ほど煮て、だんごに透明感が出てきたら、みそを溶き入れてひと煮立ちさせる。椀に盛り、ねぎをのせ、七味をふる。

1人分262kcal　塩分1.8g

a

「青菜」と「卵」があれば…

青菜とふんわり卵のスープ

材料（2人分）

ほうれんそう…60g
しめじ…1/2パック（50g）
コーン（ホール）…50g
とき卵…1個分
A ┃ 水…300ml
　┃ 中華スープの素
　┃ 　…小さじ2
B ┃ かたくり粉…小さじ1
　┃ 水…小さじ2
塩・こしょう…各少々

作り方（調理時間10分）

1 ほうれんそうは熱湯で色よくゆでる。水にとって水気をしぼり、1〜2cm長さに切る。しめじは根元を落とし、小房に分ける。大きいものは長さを半分に切る。

2 鍋にAを入れて火にかけ、煮立ったらしめじとコーンを加える。ふたをして中火で約2分煮る。

3 ほうれんそうを加え、Bを混ぜて加え、混ぜながらとろみをつける。塩、こしょうで味をととのえる。

4 弱火にし、とき卵を鍋に回し入れる。静かにひと混ぜし、卵がふんわりとしたら火を止める。

1人分84kcal　塩分1.5g

青菜がかみきれず、あまり食べてくれなかった小さい子どもも、スープだと食べてくれました。
（町田教室　竹中佳子）

>>> 「はくさい」があれば…

はくさいの和風ポトフ

材料（2人分）

はくさい…200g
ウィンナーソーセージ…4本
ねぎ…1本
にんじん…70g
れんこん…100g
エリンギ…1/2パック（50g）
こんぶ…15cm

A │ みりん…大さじ1・1/2
　│ 酒…大さじ1・1/2
　│ 塩…小さじ1/2
　│ しょうゆ…小さじ1
塩…少々
ゆずこしょう…適量
つまようじ…8本

作り方（調理時間40分）

1　厚手の鍋にこんぶと水600㎖（材料外）を入れ、10分ほどつける。しんなりしたらこんぶをとり出して縦半分に切り、しっかり結ぶ。つけ汁はそのままとりおく。

2　はくさいは熱湯でしんなりするまでゆで、水気をきる。4等分にする。

3　はくさいを広げ、ソーセージをのせて端から巻き（写真a）、巻き終わりをつまようじ2本でとめる。4つ作る。半分に切る。

4　ねぎは5cm長さ、にんじんは8mm厚さの輪切り、れんこんは8mm厚さの輪切りか半月切りにする。エリンギは太ければ縦半分にし、長さを半分にする。

5　1の鍋にAを入れ、こんぶ、3、4を加える。落としぶたと鍋のふたをして火にかけ、沸騰したら弱めの中火にして約20分煮る。塩少々で味をととのえる。ゆずこしょうをつけて食べる。

1人分201kcal　塩分3.0g

a
1/4カットのはくさいなら、ソーセージの長さに合わせ、2〜3枚を上下互い違いに重ねる。

おでんだとあまり野菜がとれないので、おでん風に味つけした煮汁で、野菜をたっぷり煮こみました。
（渋谷教室　山﨑利恵子）

>>> 「はくさい」があれば…

はくさいサラダ

材料（2人分）

はくさい…100g
焼き豚(市販)…50g
しいたけ…4個
ごま油…小さじ1/2
A ｜ しょうゆ…小さじ1
　｜ 酒…小さじ1
　｜ みりん…小さじ1
春雨…30g
中華風ドレッシング(市販*)…適量
*手作りするなら、砂糖大さじ1/2＋酢大さじ1・1/2＋しょうゆ大さじ1/2＋ごま油大さじ1/2を合わせる。

作り方（調理時間20分）

1 はくさいは4〜5cm長さの細切りにする。しいたけは軸を落として薄切りにする。

2 小鍋にごま油を温め、しいたけを炒める。しんなりしたらAを加え、汁気がほとんどなくなるまで約2分煮る。

3 春雨は熱湯でゆでて、水気をきる。さめたら5〜6cm長さに切る。焼き豚は5mm幅に切る。

4 皿にはくさい、春雨、2、焼き豚を盛る。ドレッシングをかけ、全体を混ぜて食べる。

1人分160kcal　塩分1.8g

はくさいは生で食べてもおいしい。こってりした味と相性がよく、しいたけの甘煮などと合わせるとたっぷり食べられます。　（横浜教室　木村智江子）

「れんこん」と「豚ひき肉」があれば…

れんこんの肉詰めピカタ

材料（2人分）

れんこん（直径約6cmのもの）
　…150g
豚ひき肉…50g
A｜酒…小さじ1/2
　｜しょうゆ…小さじ1/2
小麦粉…大さじ1/2
とき卵…1/2個分
サラダ油…小さじ1/2

作り方（調理時間20分）

1　れんこんは皮をむき、かぶるくらいの熱湯でさっとゆでる。水気をきり、ペーパータオルで水気をよくふく。

2　トレーにひき肉を入れ、Aを加えて混ぜる。れんこんを肉に押しつけるようにして、穴に肉を詰める（写真a。入りにくければ、上から手で詰める）。1cm厚さの輪切りにする。

3　2の両面に小麦粉、とき卵を順につける。

4　フライパンに油を温め、3を入れる。ふたをして弱めの中火で1〜2分蒸し焼きにする。裏返し、よい焼き色がつくまで同様に焼く。

　　　　　　　　　1人分142kcal　塩分0.4g

a

れんこんの形をいかします。練りがらしとしょうゆをつけて食べてもおいしい。
（池袋教室　住吉まゆみ）

>>> 「きのこ」があれば…

きのこのおろしあえ

材料（2人分）

なめこ…1パック（100g）
しいたけ…2個
しめじ…1/2パック（50g）
えのきだけ…1/2袋（50g）

A | だし…大さじ2
  | しょうゆ…大さじ1
  | 酒…大さじ1/2

だいこん…150g
きざみのり…少々

作り方（調理時間15分）

1. なめこはざるに入れて、さっと洗う。しいたけは軸をとり、薄切りにする。しめじは根元を落とし、小房に分ける。えのきは根元を落としてほぐし、長さを半分にする。
2. 鍋にAを合わせ、1を入れる（写真a）。中火にかけ、汁気が少なくなるまで約3分、炒り煮にする。
3. だいこんはすりおろし、軽く水気をきる。
4. 2を器に盛り、3をのせる。きざみのりをのせる。

1人分39kcal　塩分1.3g

a

きのこに味がしっかりしみ、とろみがつくので、するするとたっぷり食べられます。
（横浜教室　白井由花）

column

先生が家で作っているおかず 人気ベスト3

作りやすくて、おいしく、栄養満点！
先生たちの家庭でよく作られている人気のおかず、ベスト3を紹介します。

p.92

具だくさんオムレツ

先生の声 小さいころからよく母が作ってくれました。夫のアイディアでじゃがいもを入れるように（池袋教室　山岡美香）。母から伝わっているなつかしい味です。具をたっぷり入れるのが好みです（梅田教室　谷田佳織）。3人の子どもたちに野菜を食べさせるための、母の切り札料理でした。残った具は翌朝ごはんにのせて食べても（銀座教室　大瀧信子）。

小松菜の煮もの・炒めもの

先生の声 蒸し煮にすると、かさが減るのでたくさん食べられます（神戸教室　田中浩美）。小松菜は栄養満点で、下ゆで不要。ザクザク切ってすぐに調理ができる優秀食材（渋谷教室　山﨑利恵子）。小松菜を使うと、料理の彩りがよくなります。さっと煮てあえものにし、お弁当にも入れます（池袋教室　森田亜希子）。

p.81

p.104

混ぜごはん・チャーハン

先生の声 ガーリック焼きめしが家族に好評です。牛肉を少量入れて、バター＆しょうゆで味つけ。ごはんものはボリューム満点（名古屋教室　深井弥生子）。高菜とちりめんじゃこのチャーハンは、味つけいらずで手軽（柏教室　藤岡圭子）。ごはんものは、冷凍ごはんがあればすぐできるので、忙しいときに便利です（渋谷教室　羽村雅子）。

スピードもう1品 &
おつまみのアイディアおかず

きゅうりの漬けもの

材料（2人分）
きゅうり…2本
こんぶ…5cm
A ┃ 砂糖・うすくちしょうゆ*
　　　…各大さじ1
　　みりん・酢…各大さじ1/2
　　ごま油…小さじ1
一味とうがらし・いりごま（白）
　　…各少々
ポリ袋…1枚

＊塩小さじ1/6＋しょうゆ小さじ1・1/2で代用可（色は濃くなる）。

作り方（調理時間10分　漬ける時間は除く）

1 こんぶはキッチンばさみで半分に切る。
2 きゅうりは4～5cm長さに切り、縦4つ割りにする。
3 ポリ袋にAを合わせて1と2を入れ、袋の口を閉じて、冷蔵庫に3時間以上おく。汁気をきって器に盛り、一味、ごまをふる。

1人分51kcal　塩分1.0g

ほうれんそうとなめたけのあえもの

材料（2人分）
ほうれんそう…100g
なめたけ（市販のびん詰め）…50g

作り方（調理時間5分）

1 ほうれんそうは熱湯で色よくゆで、水にとって水気をしぼる。3～4cm長さに切る。
2 1となめたけをあえる。

1人分20kcal　塩分1.1g

> おひたし以外の食べ方をしたいときに。市販品を活用すると、かんたんですよ。
> （渋谷教室　羽村雅子）

> 道の駅で食べた漬けものが気に入り、作りやすいようにアレンジしました。夏には何度も作ります。
> （福岡教室　中野明子）

えのきの バターホイル焼き

しいたけのマヨ焼き

材料（2人分）
えのきだけ…1袋（100g）
バター（小さく切る）…5g
A ｜ しょうゆ…適量
　　　こしょう…少々
アルミホイル…30×15cmを2枚

作り方（調理時間10分）

1 えのきは根元を落として、ほぐす。
2 1の半量をホイルにのせ、バター半量を散らす。Aをかけ、ホイルの端と口を折って閉じる。2つ作る。グリルで5〜6分、えのきがしんなりするまで焼く。

1人分29kcal　塩分0.1g

調理時にコンロがうまっていても、グリルに入れれば作れます。急いでいるときやもう1品ほしいときに、よく作ります。
（池袋教室　要石知子）

材料（2人分）
しいたけ…4個
マヨネーズ…小さじ4
青のり…少々

作り方（調理時間10分）

1 しいたけは石づきを落として軸を切り落とし、軸は細かくさく。
2 しいたけのひだのほうを上にし、軸を入れ、マヨネーズを小さじ1ずつのせる。オーブントースターで焼き色がつくまで3〜5分焼く。青のりをかける。

1人分59kcal　塩分0.2g

しいたけとマヨネーズだけで、おつまみの完成。軸もむだなく使えます。
（藤沢教室　依田奈美）

さといものともあえ

材料（2人分）
さといも…200g
いりごま（白）…大さじ1
A ┃ 砂糖…大さじ1
　┃ みそ…大さじ1/2
　┃ 塩…少々

作り方（調理時間25分）
1. さといもはよく洗い、皮つきのままやわらかくなるまで熱湯で約15分ゆでる。水気をきり、熱いうちに皮をむく（やけどに注意）。
2. 1の1/3量は熱いうちにつぶし、残りは1cm厚さの輪切りにする。
3. ごまは粗くすり、Aを加えて混ぜる。つぶしたいもを加え、さらにすりつぶすようにして混ぜる（あえ衣）。
4. 輪切りのいもは、3に加えてざっくりとあえ、器に盛る。いりごま（白）少々（材料外）を散らす。

　　　　　　1人分92kcal　塩分0.7g

ねっとりとした、さといものおいしさを味わえます。
（仙台教室　今野敬子）

なすのぽん酢しょうゆあえ

材料（2人分）
なす…2個（140g）
にんにく…小1片（5g）
ねぎ…5cm
ごま油…大さじ1
ぽん酢しょうゆ…大さじ1

作り方（調理時間10分）
1. なすは縦半分にし、3〜4mm幅に切る。にんにくとねぎはみじん切りにする。
2. フライパンにごま油とにんにく、ねぎを入れ、弱めの中火で炒める。香りが出たら中火にし、なすを加えて炒める。なすがしんなりしたらとり出し、ぽん酢しょうゆであえる。

　　　　　　1人分83kcal　塩分0.7g

野菜室に余っているなすで、よく作ります。味つけはぽん酢しょうゆだけですが、香味野菜で風味がよく、ごはんが進みます。
（池袋教室　布木紀子）

おつまみ春巻き

おつまみれんこん

具は切るだけ、揚げ油も少量でOK！ 食べたいときにすぐに作れます。
（渋谷教室 冨士貴子）

材料（10個分）
春巻きの皮…5枚
A ┃ ねぎ…1/4本（25g）
　┃ ハム…2枚（40g）
　┃ ピザ用チーズ…20g
　┃ こしょう…少々
サラダ油…大さじ2

作り方（調理時間15分）
1. ねぎは斜め薄切りに、ハムは1cm角に切る。Aは合わせる。10等分にする。
2. 春巻きの皮は対角線で半分に切り、1を三角に包む（下記イラスト）。10個作る。
3. フライパンに油大さじ1を中火で温め、2を5個入れ、両面を色づくまで焼く。油大さじ1をたし、残りも同様に焼く。

1個分60kcal　塩分0.3g

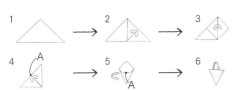

Aが手前にくるように持ちかえ、袋を開く。
具を詰め、後ろの三角の部分を袋の中に折りこむ。

材料（2人分）
れんこん…100g
A ┃ かたくり粉…大さじ1/2
　┃ 青のり…小さじ1/2
揚げ油…適量
塩…少々
ポリ袋…1枚

作り方（調理時間15分）
1. れんこんは1cm厚さの半月切り、またはいちょう切りにする。
2. ポリ袋にれんこんとAを入れる。袋の口を閉じてふり、れんこんにAをまぶす。
3. 揚げ油を170℃に熱し、2を約2分揚げる。塩をふって食べる。

1人分56kcal　塩分0.3g

青のりの風味がよく、おやつにも向きます。
（梅田教室　奥 静枝）

にんじんのたらこ炒め

材料（2人分）
にんじん…1/2本(100g)
たらこ…1/2腹(60g)
サラダ油…小さじ1

作り方（調理時間10分）

1. にんじんは薄い半月切りか、いちょう切りにする。たらこは皮から中身をしごき出す。
2. フライパンに油を温め、にんじんを中火で炒める。しんなりしたら、たらこを加える。全体を混ぜながら、たらこの色が変わるまで炒める。

1人分91kcal　塩分1.9g

たらこの味がしっかりしているので、味つけいらず。家族のお気に入りで、お弁当のおかずや、サラダのトッピングにもなります。
（町田教室　鯉江祐子）

わかめとザーサイの炒めもの

材料（2人分）
わかめ(塩蔵)…60g
味つきザーサイ(市販)…15g
ごま油…小さじ1
A｜酒…小さじ1
　｜しょうゆ…小さじ1/2
いりごま(白)…小さじ1

作り方（調理時間10分）

1. わかめは洗い、水で5分ほどもどして、食べやすい大きさに切る。ザーサイは細切りにして水にさっとさらし、水気をきる。
2. 鍋にごま油を温め、中火で1を炒める。Aで味をつけ、ごまを加える。

1人分38kcal　塩分2.3g

いつもあるわかめで、すぐに作れます。切るのも少なく、味つけもかんたん。
（渋谷教室　羽村雅子）

小松菜と油揚げの炊いたん

材料（2人分）
小松菜…1/2束（150g）
油揚げ…1枚（25g）
A ┃ だし…100㎖
　┃ うすくちしょうゆ*
　┃ 　…小さじ1
*しょうゆ小さじ1/2＋塩少々で代用可。

作り方（調理時間10分）
1 小松菜は4㎝長さに切る。油揚げは熱湯をかけて油抜きし、縦半分に切ってから2㎝幅に切る。
2 鍋にAを合わせて中火にかけ、煮立ったら1を加える。ふたをして5分ほど煮る。

1人分61kcal　塩分0.5g

さっと作れるつゆだくの煮もの。京都出身なので、"炊いたん"と呼んでいます。
（銀座教室　田嶋文代）

しらたきと油揚げのかんたん煮

材料（2人分）
しらたき…100g
油揚げ…1枚（25g）
A ┃ 酒…大さじ1
　┃ しょうゆ・みりん…各大さじ1/2
　┃ しょうが汁…小さじ1/2
いりごま（白）…小さじ1/2

作り方（調理時間10分）
1 油揚げは熱湯をかけて油抜きし、縦半分に切ってから4〜5㎜幅に切る。しらたきは熱湯でさっとゆでてアク抜きし、水気をきる。3〜4㎝長さに切る。
2 鍋にしらたきとAを入れて中火にかけ、1分ほど煮る。油揚げを加え、さらに1分ほど混ぜながらいり煮にする。
3 器に盛りつけ、ごまを散らす。

1人分68kcal　塩分0.7g

新婚時に叔母から教わったレシピ。以来、わが家の定番として作り続けています。
（銀座教室　安川久美子）

まぐろとアボカドのあえもの

材料（2人分）

まぐろ（刺身用さく）…100g
アボカド…1/2個
　レモン汁…小さじ1
三つ葉…スポンジ1個（20g）
A｜たまねぎ（みじん切り）…30g
　｜砂糖…小さじ1/4
　｜練りわさび…小さじ1/4
　｜レモン汁…小さじ1
　｜しょうゆ…大さじ1/2
　｜オリーブ油…大さじ1/2

作り方（調理時間15分）

1 三つ葉は根元を落とし、熱湯でさっとゆでて2cm長さに切る。
2 アボカドは約1.5cm角に切り、レモン汁をかける。まぐろも同様の大きさに切る。
3 ボールにAを合わせ、1と2を加えてあえる。

1人分157kcal　塩分0.8g

食パンの粉チーズスティック

材料（2人分）

食パン（8枚切り）…1枚
バター（室温にもどす）…5g
粉チーズ…大さじ1

作り方（調理時間10分）

1 食パンにバターを塗り、粉チーズをかける。
2 オーブントースターで1を色づくまで焼き、6等分の棒状に切る。

1人分93kcal　塩分0.5g

> いつも、パスタ料理のつけあわせにしています。手でつまんで食べられるので、おやつやワインのおともにもおすすめ。
> （難波教室　矢野都紀）

> ちょっとした前菜におすすめ。調味料は目分量でもいいくらいですよ。
> （横浜教室　加藤美子、京都教室　遠藤摩耶）

五色納豆

材料（2人分）

納豆…2パック（80g）
オクラ…5本
長いも…100g
たくあん…3cm
万能ねぎ…2本
ミニトマト…4個
納豆のたれ…適量

作り方（調理時間10分）

1 オクラはがくのまわりをむき、さっとゆでて、小口切りにする。

2 長いも、たくあんは5mm角に切る。万能ねぎは小口切りにする。ミニトマトは4等分に切る。

3 器に納豆と1、2を盛る。納豆のたれ（または、しょうゆ少々）と好みで練りがらし少々（材料外）を加え、混ぜて食べる。

1人分134kcal　塩分0.6g

納豆とねばねば野菜をはじめ、彩り豊かな食材を合わせます。食感、栄養バランスが◎。
（渋谷教室　伊藤 香）

ハム＆チーズのミニ卵焼き

材料（1人分）

卵…1個
　塩…少々
ハム（薄めのもの）…1枚
マヨネーズ…5g
ピザ用チーズ…10g
サラダ油…小さじ1/2

a

作り方（調理時間10分）

1 卵は割りほぐし、塩を加えて混ぜる。

2 小さめの卵焼き器に、油を弱めの中火で温め、卵液を全部流し入れる。半熟状になったら、向こう側にハム、マヨネーズ、チーズをのせ、菜箸で手前に巻く（写真a）。

3 あら熱がとれたら、食べやすく切り分ける。

1人分206kcal　塩分1.6g

お弁当のおかずとして、娘にいつもリクエストされます。卵1個でささっと作れます。
（神戸教室　田中圭子）

セロリとじゃこのふりかけ

材料（2～3人分）
セロリ（葉や細い茎の部分）…60g
ちりめんじゃこ…20g
ごま油…小さじ1
A | めんつゆ（3倍濃縮）…大さじ1
　 | みりん…大さじ1/2
いりごま（白）…大さじ1/2
七味とうがらし…少々

作り方（調理時間10分）

1. セロリは粗みじん切りにする。
2. フライパンにごま油を温め、セロリを中火で炒める。しんなりしたら、じゃこを加えてさらに炒め、Aを加えて汁気がなくなるまで炒め煮にする。
3. 器に盛り、ごま、七味をふる。

1人分82kcal　塩分1.3g

残りがちなセロリの葉や細い茎を活用するレシピです。水気が出てくるので、2日で食べきって。
（渋谷教室　羽村雅子）

ピーマンのとろとろ煮

材料（2～3人分）
ピーマン…5個
サラダ油…大さじ1/2
A | 水…100㎖
　 | スープの素…小さじ1/4
　 | 塩・こしょう…各少々
B | かたくり粉…小さじ1/2
　 | 水…小さじ1

作り方（調理時間10分）

1. ピーマンは3～4mm幅に切る。
2. フライパンに油を温め、ピーマンがくったりするまで中火で炒める。
3. 2にAを加えて（こしょうは多めに）煮立ったら、中火で1～2分煮る。Bを混ぜて加え、とろみをつける。

1人分49kcal　塩分0.6g

ピーマンをしっかり炒めると、青くささがやわらいで、にが手な人も食べやすくなります。こしょうを多めにふると、おいしい。
（柏教室　小更淳子）

とうふ・卵・乾物の
アイディアおかず

「とうふ」と「アボカド」があれば…

とうふとアボカドのグラタン

材料（容量約150mlのココット型4個分）

とうふ（もめん）…2/3丁（200g）
アボカド…1個
A｜マヨネーズ…大さじ3
　｜しょうゆ…小さじ2
トマト…1/2個（75g）
ピザ用チーズ…60g
バゲット（薄切り）…適量

作り方（調理時間20分）

1. とうふは粗くくずす。ざるにのせ、水気をざっときる。トマトは細かく切る。オーブンは220℃（ガスなら210℃）に予熱する。
2. アボカドは半分に切って種を除く。中身をくり抜いてボールに入れ、フォークで粗くつぶす。とうふを加えてつぶしながら混ぜる（写真a）。Aを加えて混ぜる。
3. 型に2を入れ、トマト、ピザ用チーズをのせる（写真b）。220℃のオーブン（ガスなら210℃、オーブントースターでも）で、焼き色がつくまで約10分焼く。バゲットにのせて食べる。

1個分226kcal　塩分0.9g

a

b

おいしいパンを買ったときに作ります。グラタンといっても、材料を混ぜるだけなので、あっという間にできます。
（銀座教室　佐藤益世）

「とうふ」と「ザーサイ」があれば…

とうふサラダ

> ザーサイが味のポイント。カラフルで栄養があり、疲れているときにもよく作ります。
> （町田教室　小倉佐知帆）

材料（2人分）

- とうふ（絹）…1/2丁（150g）
- かいわれだいこん…1/2パック（20g）
- ミニトマト…3個
- 味つきザーサイ（市販）…大さじ1
- 卵…1個
- サラダ油…小さじ1/2
- 油揚げ…1/2枚（25g）
- すりごま（白）…小さじ1
- しょうゆドレッシング（市販*）…適量

＊手作りするなら、酢大さじ1＋塩小さじ1/6＋しょうゆ小さじ1＋サラダ油大さじ1/2を合わせる。

作り方（調理時間15分）

1. とうふは縦半分にし、2cm幅に切る。
2. かいわれだいこんは根元を落とし、4〜5cm長さに切る。ミニトマトは2〜4つに切る。ザーサイは粗みじん切りにする。
3. 卵は割りほぐし、塩少々（材料外）を加えて混ぜる。フライパンを中火で温め（油はひかない）、油揚げをカリッとするまで焼き、とり出す。続けてフライパンに油を温め、いり卵を作ってとり出す。油揚げは縦半分に切り、5〜6mm幅に切る。
4. 皿にかいわれを敷き、とうふを盛る。ミニトマト、油揚げ、いり卵をのせ、ザーサイをのせる。すりごまをふり、ドレッシングをかける。

1人分 141kcal　塩分 2.2g

「とうふ」と「めんたいこ」があれば…

とうふのめんたいあん

材料（2～3人分）

とうふ（絹）…1丁（300g）
からしめんたいこ
　…1/2腹（60g）
　酒…大さじ2
A｜にんにく…小1片（5g）
　｜しょうが…小1かけ（5g）
　｜ねぎ…15g
サラダ油…大さじ1
B｜スープの素…小さじ1
　｜水…200㎖
しょうゆ…少々
C｜かたくり粉…小さじ2
　｜水…大さじ1

作り方（調理時間15分）

1 Aはみじん切りに、とうふは2㎝角に切る。
2 めんたいこは皮から中身をしごき出し、中身を酒と混ぜる。
3 フライパンに油とAを弱火で温める。香りが出たら、2を加えて中火で炒める。Bを加えてひと煮立ちさせ、とうふを加えてくずさないように混ぜながら1～2分煮る。
4 味をみてしょうゆを加える。Cを混ぜて加え、とろみをつける。

1人分208kcal　塩分2.9g

> 冷凍庫に常備しているめんたいこでいつも作っています。つぶつぶ感とあんのとろみがよく合います。
> （池袋教室　藤村寿子）

「とうふ」と「豚ひき肉」があれば…

揚げどうふの黒酢あん

材料（2人分）

とうふ（もめん）…1丁（300g）
　かたくり粉…大さじ2
揚げ油…適量
万能ねぎ（小口切り）…1本
＜黒酢あん＞
豚ひき肉…100g
A｜にんにく…小1片（5g）
　｜しょうが…小1かけ（5g）
サラダ油…大さじ1/2
B｜砂糖…大さじ1
　｜黒酢…大さじ3
　｜しょうゆ…大さじ2
　｜かたくり粉…小さじ2
　｜水…130ml

作り方（調理時間20分）

1 とうふは縦半分に切ってから、6〜8等分に切る。ペーパータオルで包んで15分おき、水気をきる。

2 Aはみじん切りにする。Bは合わせる。

3 揚げ油を180℃に熱する。とうふにかたくり粉をまぶしてカリッとするまで揚げる。

4 フライパンにAと油を入れ、弱火で温める。香りが出たら、ひき肉を加えて中火で炒める。色が変わったら、Bを混ぜて加え、とろみをつける。3を加えてさっと混ぜる。器に盛り、万能ねぎを散らす。

1人分381kcal　塩分2.7g

揚げだしどうふだけではメインのおかずにならないので、目先を変えてひき肉入りの黒酢あんと組み合わせました。（銀座教室　坂本恵子）

「とうふ」と「卵」があれば…

とうふの中華風茶碗蒸し

とうふが大好きな夫のために作ったレシピ。とうふたっぷりで、家計にもやさしいヘルシーメニューです。
（仙台教室　林真理子）

材料（2人分）

- とうふ(絹)…1/2丁(150g)
- 卵…1個
- 豚ひき肉…50g
- しょうが(みじん切り)…小1かけ(5g)
- サラダ油…小さじ1
- A
  - 酒…大さじ1
  - 中華スープの素…小さじ1/2
  - しょうゆ…小さじ1
  - 水…100mℓ
- 万能ねぎ(小口切り)…1本
- B
  - しょうゆ…小さじ1
  - ごま油…小さじ1

作り方（調理時間25分）

1. フライパンにサラダ油を温め、しょうがを中火で炒める。香りが出たらひき肉を加えて炒める。肉の色が変わったら、Aを加える。ひと煮立ちしたら火を止め、あら熱をとる。
2. 卵は割りほぐし、1を加えて混ぜる。
3. とうふは2等分に切り、茶碗に入れる。2を等分に流し入れる。
4. 鍋に茶碗を並べ、熱湯を茶碗の高さの半分まで入れる。鍋のふたをずらしてのせ、中火で約2分、湯が静かに沸騰を続ける状態で加熱する。表面が白っぽくなったら、弱火にして約8分蒸す。
5. 万能ねぎはBと合わせる。4にかける。

1人分182kcal　塩分1.5g

「卵」と「合いびき肉」があれば…

具だくさんオムレツ

材料（2人分）

卵…3個
合いびき肉…100g
たまねぎ（みじん切り）
　…1/4個（50g）
サラダ油…大さじ1/2

A｜塩…小さじ1/4
　｜こしょう…少々
　｜ナツメグ…少々
にんじん…50g
じゃがいも…小1個（100g）
トマトケチャップ…適量

作り方（調理時間20分）

1　フライパンに油を温め、たまねぎとひき肉を中火で炒める。肉の色が変わったら、Aで味をつける。

2　にんじん、じゃがいもは1cm角に切る。鍋に入れ、野菜の頭が見えるくらいの水を加えてやわらかくなるまでゆでる。水気が少なくなったら、火を少し強め、いもが粉ふきになるまで水気をとばす（写真a）。1と合わせ、2等分する。

3　1人分ずつオムレツを作る。卵は割りほぐす。フライパンに油小さじ1（材料外）を強めの中火で温め、半量のとき卵を丸く流し入れる。全体がかたまり始めたら（表面は半熟）、2の半量をのせる。手前と向こう側を内側に折り返して（写真b）、形作る。皿に返すようにしてのせ、ペーパータオルをかぶせて形を整える（写真c）。もう1個作る。器に盛り、ケチャップをかける。

1人分365kcal　塩分1.6g

家にある材料で作れ、ボリューム満点の家庭の味。子どものころに母が作ってくれた味を作り続けています。
（銀座教室　藤井由利、
　渋谷教室　三笠かく子）

「パン」と「卵」があれば…

パンのキッシュ

材料(容量約400mlのグラタン皿1個分)

食パン(6枚切り)…1/2枚
　牛乳…50ml
たまねぎ…1/4個(50g)
ほうれんそう
　…1/2束(100g)
ベーコン…2枚
バター…5g
A｜卵(割りほぐす)…2個
　｜塩・こしょう…各少々
ピザ用チーズ…40g

作り方(調理時間40分)

1　たまねぎは薄切りにする。ほうれんそうは熱湯で色よくゆでて水にとり、水気をしぼる。3cm長さに切る。ベーコンは1cm幅に切る。オーブンは200℃(ガスなら190℃)に予熱する。

2　フライパンにバターを溶かし、たまねぎを中火で炒める。しんなりしたら、ほうれんそう、ベーコンを加えて炒め、ベーコンに火が通ったらとり出す。あら熱をとる。

3　食パンはちぎってボールに入れる。牛乳を加えてやわらかくする(写真a)。

4　別のボールにAを合わせてよく混ぜる。2、3、チーズを加えて混ぜる(写真b)。

5　グラタン皿や耐熱容器に4を流し入れ、210℃(ガスなら200℃)のオーブンで20〜25分、焼き色がつき、中に火が通るまで焼く(中心に竹串を刺してみて、卵液が出てこなければOK)。

1人分328kcal　塩分1.5g

パイシートも生クリームも使わない、かんたんキッシュ。好みの野菜で作れ、温かいままでも冷たくしてもおいしい。
(梅田教室　北口みち)

「もずく酢」と「きゅうり」「トマト」があれば…

もずく酢サラダ

材料（2人分）

味つけもずく酢…小2パック（80g）
きゅうり…1本
　塩…小さじ1/4
たまねぎ…1/4個（50g）
トマト…小1個（100g）

作り方（調理時間5分）

1. きゅうりは小口切りにする。塩をふり、しんなりしたら水気をしぼる。
2. たまねぎは薄切りにする。トマトは約1.5cm角に切る。
3. もずく酢（汁ごと）と1、2を混ぜる。

1人分36kcal　塩分0.9g

味つきのもずく酢は味が濃いめなので、野菜と合わせてサラダ風に。ドレッシングいらずでさっぱりと食べられます。
（銀座教室　和田篤子）

「ひじき」と「ささみ」があれば…

ひじきとささみのわさびあえ

材料（2人分）

芽ひじき…5g
とりささみ…1本（50g）
A ｜ 塩…少々
　｜ 酒…小さじ1
にんじん…3cm（20g）
きゅうり…1本
　塩…小さじ1/4
B ｜ 練りわさび…小さじ1/2
　｜ すりごま（白）…大さじ1
　｜ 酢…大さじ1
　｜ しょうゆ…大さじ1/2

> 教室で以前教えていたレシピをヒントにアレンジしました。味も彩りもよく、野菜がたっぷり食べられます。
> （梅田教室　北　弥佳）

作り方（調理時間25分）

1　芽ひじきは洗い、水で15分ほどもどして、水気をきる。Bは合わせる。

2　ささみは耐熱皿に入れてAをふりかける。ラップをして電子レンジで約1分30秒（500W）加熱する。そのまさまし、細かくさく。

3　にんじんは3cm長さのせん切りにする。きゅうりは斜め薄切りにしてせん切りにし、塩小さじ1/4をふって5分ほどおく。しんなりしたら水気をしぼる。

4　ひじきを熱湯でさっとゆで、水気をきってBに加える。2、3を加えてあえる。

1人分64kcal　塩分1.5g

>>> 「切り干しだいこん」があれば…

切り干しだいこんの甘酢漬け

材料（2人分）

切り干しだいこん…30g
きゅうり…1/3本
にんじん…15g
　塩…少々
A
　酢…大さじ2
　砂糖…小さじ2
　塩…小さじ1/4
　みりん…小さじ2

切り干しだいこんのパリパリとした歯ざわりがおいしい。家にある材料でささっと作れます。
（渋谷教室　羽村雅子）

作り方（調理時間15分）

1 切り干しだいこんは、水に約10分つけてもどす。水気をきり、食べやすい長さに切る。

2 熱湯で1をさっとゆでて、ざるにとる。さます。

3 きゅうり、にんじんは3～4cm長さのせん切りにし、合わせて塩少々をふる。

4 ボールにAを合わせる。2と、3の水気をしぼって加え、ざっくりと混ぜる。

1人分80kcal　塩分0.9g

ごはん・めん類の
アイディアおかず

「ごはん」と「さけ」「きゅうり」「卵」があれば…

さけの混ぜずし

材料（2人分）

すしめし*…330g
　いりごま（白）…小さじ2
甘塩ざけ…1切れ（100g）
きゅうり…1本
　塩…少々
甘酢しょうが…10g

卵…1個
　砂糖…小さじ1/2
サラダ油…少々
イクラ…10g

*米1合＝米用カップ1（180㎖・150g）を同量の水で炊き、すし酢35㎖（または、砂糖大さじ1＋酢大さじ2＋塩小さじ1/3）を合わせたもの。

作り方（調理時間20分）

1. きゅうりは小口切りにして、塩をふって5〜10分おく。しんなりしたら水気をしぼる。甘酢しょうがはみじん切りにする。
2. さけはグリルで火が通るまで両面を焼き、温かいうちに皮と骨を除いてほぐす（写真a）。
3. 卵は割りほぐし、砂糖を加えて混ぜる。フライパンに油を中火で温め、薄焼き卵を作る。さめたら細切りにする。
4. すしめしにごまを混ぜ、1と2を加えてさっくりと混ぜる。器に盛り、3とイクラをのせる。

1人分477kcal　塩分2.2g

a

一年中手に入る材料で、気軽にすしが作れます。パーティにはケーキ型で押しずし風にすることもあります。
（千葉教室　木本留美）

「ごはん」と「とり肉」があれば…

かしわ飯(めし)

祖母や母が作っていた混ぜごはんです。ごはんは、だしで炊いたものを使うと、よりおいしくなります。
（藤沢教室　小谷桂子）

材料（4人分）

温かいごはん…600g
とりもも肉…150g
ごぼう…50g
にんじん…50g
干ししいたけ…2個(8g)
サラダ油…大さじ1/2
A　砂糖…大さじ1
　　干ししいたけのもどし汁
　　　…大さじ3
　　しょうゆ…大さじ2
　　みりん…大さじ2
　　酒…大さじ2

作り方（調理時間20分　もどす時間は除く）

1　干ししいたけは水100㎖（材料外）に30分以上つけてもどし、薄切りにする。もどし汁はとりおく。Aは合わせる。

2　ごぼうは皮をこそげてささがきにし、水にさらして水気をきる。にんじんは2㎝長さの細切りにする。とり肉は1〜2㎝角に切る。

3　鍋に油を温め、肉を中火で炒める。色が変わったら、ごぼう、にんじん、しいたけを加えてさっと炒める。Aを加え、煮汁が大さじ2くらいになるまで約10分煮る。

4　ごはんに3を汁ごと混ぜる。

※3まで作って保存可（冷蔵3日、冷凍2週間）。

1人分389kcal　塩分1.4g

「ごはん」と「ソーセージ」があれば…

家にある材料でできるので、子どものお昼ごはんとしてよく作ります。（池袋教室　大下陽子）

ソーセージのシンプルドリア

材料（2人分）

- 温かいごはん…300g
- たまねぎ…1/2個（100g）
- ピーマン…2個
- ウィンナーソーセージ…4本（80g）
- バター…10g
- 塩…小さじ1/8
- こしょう…少々
- ピザ用チーズ…40g
- ＜ホワイトソース＞
- バター…20g
- 小麦粉…大さじ2
- A｜牛乳…300㎖
  　スープの素…小さじ1/4
- 塩…小さじ1/8
- こしょう…少々

作り方（調理時間25分）

1. たまねぎ、ピーマンはみじん切りにする。ソーセージは7〜8㎜幅に切る。
2. 深めのフライパンにバター10gを溶かし、たまねぎの半量を中火で炒める。しんなりしたら、ピーマンとソーセージを加えてさらに炒める。ごはんを加えて混ぜ、塩、こしょうで味をととのえる。グラタン皿に半量ずつ入れる。
3. 続いて、フライパンにバター20gを溶かし、残りのたまねぎを中火で炒める。しんなりしたら小麦粉を加えて炒め、粉気がなくなったら、Aを加え、よく混ぜながら加熱する。煮立ったら弱火で混ぜながら3〜4分煮て、とろみがついてきたら、塩、こしょうで味をととのえる。
4. 2に3を半量ずつかけ、チーズを半量ずつ散らす。オーブントースターで1個ずつ、チーズが溶けるまで7〜8分焼く。

1人分699kcal　塩分2.4g

 「ごはん」と「ねぎ」があれば…

ねぎたっぷりチャーハン

材料（2人分）

温かいごはん…300g
ねぎ（緑の部分も）…80g
にんにく…1片（10g）
ごま油…大さじ1
中華スープの素…小さじ1/2

A｜塩…小さじ1/4
　｜しょうゆ…小さじ1
けずりかつお…少々
焼きのり…1/4枚

作り方（調理時間10分）

1　ねぎとにんにくはみじん切りにする。
2　大きめのフライパンにごま油とにんにくを入れて弱火で温め、香りが出たら、ねぎを加えて炒める。
3　油がまわったら、中華スープの素を加えてひと混ぜする。ごはんを加えて、木べらで切るようにしながら炒める（写真a）。Aを加えて混ぜる。
4　皿に盛り、けずりかつおを散らし、焼きのりをちぎってのせる。

1人分335kcal　塩分1.4g

野菜室を開けたら、ねぎしかない！というときにとっさに作った料理です。しょうゆの香ばしさが食欲をそそります。
（大宮教室　出村七重）

> 生のとうもろこしを使い、軸も入れて炊くと、香りと甘味がより引き立ちます。（札幌教室　熊谷まゆみ、渋谷教室　森下裕美子）

「米」と「とうもろこし」があれば

とうもろこしの炊きこみごはん

材料（4人分）

米…米用カップ2（360㎖・300g）
　水…400㎖
とうもろこし…1本
A ｜ 塩…小さじ1/2
　　｜ 酒…大さじ2
　　｜ こんぶ…5cm
バター（4等分にする）…10g
しょうゆ…少々

作り方（調理時間10分
　　　　浸水・炊く時間は除く）

1　米はといで水気をきる。炊飯器の内釜に入れ、分量の水を加えて30分以上つける。

2　とうもろこしは、包丁で実をはずす。

3　1にとうもろこしの実とAを加えてひと混ぜする。軸を入れて（写真a、入らなければ半分に切る*）炊飯器でふつうに炊く。

4　炊きあがったら、軸とこんぶをとり出してさっくりと混ぜ、茶碗に盛る。バターをのせ、しょうゆをたらして混ぜて食べる。

*夏の終わりごろのとうが立ったものは、軸がかたくて切れないので、軸を入れずに炊いても。

1人分315kcal　塩分1.1g

「ごはん」と「あじ」があれば…

あじのひつまぶし風

材料（2人分）

温かいごはん…300g
あじ（刺身用、1尾約180gを三枚におろしたもの）…2尾分
A しょうゆ…大さじ1
　みりん…大さじ1/2
　みそ…小さじ1
　しょうが（すりおろす）
　　…小1かけ（5g）
B しょうが…小1かけ（5g）
　しその葉…5枚
　いりごま（白）…大さじ1/2
ねぎ（小口切り）…10cm
焼きのり…1/4枚

作り方（調理時間20分）

1 Bのしょうがはみじん切り、しそはせん切りにする。しそ、ねぎは水にさらして水気をきる。

2 Aは合わせる。あじは小骨を抜いて皮をむき、細切りにする。Aに約10分つける。

3 ごはんにBを混ぜる。丼によそい、のりをちぎってのせ、2、ねぎをのせる。

1人分386kcal　塩分1.8g

あじに、みその風味がほんのりきいて美味。薬味を合わせて、うなぎのひつまぶしのようにして食べます。だしをかけても。
（横浜教室　山内朋子）

「中華蒸しめん」と「牛薄切り肉」「小松菜」があれば…

いつもはソース味の焼きそばも、使う野菜をシンプルにあんかけ風にすると、夕食の一品になります。
(神戸教室　新田いずみ)

小松菜のあんかけ焼きそば

材料（2人分）

中華蒸しめん（焼きそば用）…2玉
牛肉（切り落とし）…150g
小松菜…150g
ねぎ（1cm幅の斜め切り）…1/2本
しょうが（せん切り）…1かけ（10g）
サラダ油…大さじ1・1/2

A │ オイスターソース…大さじ1
　│ 酒…大さじ1
　│ 中華スープの素…小さじ1
　│ しょうゆ…小さじ1
　│ 水…300mℓ

B │ かたくり粉…大さじ1
　│ 水…大さじ2

作り方（調理時間15分）

1. 小松菜は4〜5cm長さに切る。
2. 牛肉は長ければ食べやすい長さに切る。Aは合わせる。
3. フライパンに油大さじ1/2を中火で温め、めんをほぐして炒める。へらで押しつけ、両面に焼き色をつける。器に盛る。
4. 続けて、油大さじ1をたし、ねぎとしょうがを中火で炒める。香りが出たら肉を加えて炒め、肉の色が変わったら小松菜を加えて炒める。
5. 油がまわったら、Aを加えて煮立て、中火で3〜4分煮る。Bを混ぜて加え、とろみをつけ、3にかける。粉さんしょう少々（材料外）をふる。

1人分713kcal　塩分2.9g

「中華めん」と「豆乳」があれば…

豆乳の担々めん

辛いのがにが手な夫、大好きな子ども、家族みんながおいしく食べられるように、辛味を抜いて作りました。（柏教室　村上陽子）

材料（2人分）

- 中華めん（ラーメン用）…2玉
- 豚ひき肉…100g
- えのきだけ…1/2袋（50g）
- サラダ油…少々
- A
  - みそ…大さじ1
  - 砂糖…小さじ1
  - しょうゆ…小さじ1
- にら…1/4束（30g）
- もやし…1袋（200g）
- B
  - 中華スープの素…小さじ1
  - 練りごま…大さじ3
  - しょうゆ…大さじ3
  - 豆乳（無調整）…300㎖
  - 水…300㎖
- 酢・ラー油…各少々

作り方（調理時間20分）

1. えのきは根元を落として、細かくきざむ。にらは4㎝長さに切る。もやしはできればひげ根をとる。Aは合わせる。
2. フライパンに油を温め、ひき肉を中火で炒める。肉の色が変わったら、Aを加えてよく混ぜ、えのきを加えて炒める（肉みそ）。
3. 鍋にBを合わせて火にかけ、煮立ったら、にら、もやしを加える。再度煮立ったら、火を止める。
4. めんは表示どおりにゆで、器に入れる。3をそそぎ、肉みそをのせる。好みで酢、ラー油をかけて食べる。

1人分576kcal　塩分4.1g

column

味が決まる
先生おすすめ調味料＆食材

時間のないときに、家にある野菜でパパッと作った炒めもの。塩、こしょうで味つけしてみたものの、いまいち味が決まらないことがありませんか。先生が日ごろ活用している、味つけに役立つ調味料＆食材を紹介します。

ぽん酢しょうゆ

ぽん酢しょうゆは、鍋ものだけでなく、炒めものやあえものの調味にも役立ちます。しょうゆをベースに、かんきつの酸味やだし、甘味も入っているので、これ１本で味わいに変化が出ます。さっぱり仕上げたい夏のおかずにも向きます。

使用例
→p.78　なすのぽん酢
　　　　しょうゆあえ

めんつゆ

めんつゆの原料はしょうゆ、砂糖、かつおやこんぶのだしなど。きちんととっただしのうま味にはかないませんが、和食の基本的な調味料が含まれているので、時間のないときは、煮ものの合わせ調味料代わりに使えます。

使用例
→p.112　さば缶の煮もの

いりごま

炒めものや煮ものの風味がものたりないときは、ごまをふってみましょう。ごまの香ばしさが立ち、ほんのりコクが出ます。ごまの粒は食感のアクセントにも。和風・中華風の料理に役立ちます。

使用例
→p.80　わかめとザーサイの炒めもの

けずりかつお

うま味そのものの、けずりかつお。料理にのせれば風味がアップします。また、うま味は、味のものたりなさを補ってくれるので、塩分をひかえることができます。

使用例
→p.104　ねぎたっぷりチャーハン

焼きのり・きざみのり

のりは、ごはんとの相性はいうまでもなく、魚介の料理にも合います。また、焼きのりの黒は、料理の彩りを引き締めます。

使用例
→p.107　あじのひつまぶし風

ちょっとユニークな
アイディアおかず

「さば缶」があれば…

さば缶の煮もの

先生のココがidea

しょうがやゆずなどを活用すると、缶詰のくさみが気になりません。

材料（2人分）

さば缶詰（水煮）…1缶（190g）
とうふ（絹）…1/2丁（150g）
だいこん…200g
にんじん…50g
しょうが…大1かけ（15g）
万能ねぎ…1/4束
水…400㎖
A ｜ めんつゆ（3倍濃縮）…大さじ1・1/2
　 ｜ 酒…大さじ1/2
ゆずの皮（せん切り）…少々
七味とうがらし…少々

作り方（調理時間20分）

1. だいこん、にんじんは5㎝長さ、2㎝幅のたんざく切りにする。しょうがは薄切り、万能ねぎは5㎝長さに切る。とうふは4等分に切る。
2. 鍋に分量の水、だいこん、にんじんを入れ、ふたをして中火で約3分、だいこんが透き通ってくるまで煮る。
3. 2に、しょうが、とうふ、さば缶（汁気をきる）を加える。煮立ったらアクをとり、Aを加える。ひと煮立ちしたら、万能ねぎを入れて火を止める。
4. 器に盛りつけて、ゆずの皮をのせる。七味をふる。

262kcal　塩分1.8g

魚の缶詰は常備しておくと、非常時にも役立ちますよ。
（千葉教室　相笠志乃）

「納豆」と「合いびき肉」があれば…

納豆タコライス

先生のココがidea

納豆のうま味でコクが出て、あとを引くおいしさです。

材料（2人分）

- 温かいごはん…300g
- 合いびき肉…150g
- たまねぎ…1/2個（100g）
- にんにく…1片（10g）
- 納豆…1パック（40g）
  - 納豆のたれ…適量
- サラダ油…小さじ1/2
- A
  - トマトケチャップ…大さじ1・1/2
  - ウスターソース…大さじ1
  - みそ…小さじ2
- レタス…2枚
- ミニトマト…4個
- スライスチーズ…2枚
- （あれば）タコスチップス…4〜5枚

肉と野菜が一緒にとれるのもうれしい。
（渋谷教室　原田択子）

作り方（調理時間20分）

1. たまねぎ、にんにくはみじん切りにする。レタスは1cm幅に、ミニトマトは4等分に切る。
2. 納豆は添付のたれ（なければしょうゆ小さじ1/2）を混ぜる。Aは合わせる。
3. フライパンに油を温め、たまねぎ、にんにくを中火で炒める。しんなりしたら、ひき肉を加えて炒め、色が変わったら納豆を加えて炒める。Aを加えて、汁気がなくなるまで炒め煮にする。
4. 器にごはんを盛り、チーズ（ちぎらない）をのせる。レタス、3、トマトを順にのせる。あればタコスチップスを手で割ってのせる。

1人分598kcal　塩分2.5g

「ほうれんそう」と「豆乳」があれば…

ほうれんそうの豆乳クリームパスタ

先生のココがidea
豆乳に牛乳を合わせて使うと、分離しにくいですよ。

材料（2人分）

- スパゲティ…160g
  - 湯…2ℓ
  - 塩…大さじ1/2
- ほうれんそう…1/2束（100g）
- ウィンナーソーセージ…3本（60g）
- たまねぎ（薄切り）…1/4個（50g）
- しめじ（小房に分ける）…1/2パック（50g）
- オリーブ油…大さじ1/2
- **A** スパゲティのゆで汁…100mℓ / 固形スープの素…1個
- **B** 豆乳（無調整）…200mℓ / 牛乳…50mℓ
- 塩…少々
- 黒こしょう・粉チーズ…各適量

クリームパスタは豆乳で作るとカロリーひかえめ、あっさりと食べられます。
（町田教室　小倉佐知帆、
　京都教室　田中美紀子）

作り方（調理時間20分）

1. ほうれんそうは熱湯で色よくゆでる。水にとり、水気をきる。4～5cm長さに切る。ソーセージは3～4mm幅の斜め切りにする。
2. 鍋に分量の湯を沸かし、塩大さじ1/2を加えて、スパゲティを表示の時間よりも2分ほど短めにゆでる。ゆで汁100mℓをとりおき、水気をきる。
3. 深めのフライパンにオリーブ油を温め、中火でソーセージとたまねぎを炒める。油がまわったらAを加え、1～2分煮る。
4. 3にしめじ、スパゲティ、Bを加える。フツフツ煮立っている程度の火加減で、混ぜながら1～2分煮て、塩で味をととのえる。ほうれんそうを加えて器に盛り、黒こしょう、粉チーズをかける。

1人分 536kcal　塩分 2.6g

「卵」と「ゆでだこ」があれば…

たこ焼き味オムレツ

先生のココがidea

粉を少なめにして、おつまみにも、おかずにもなるようにしています。

材料（2人分）

卵…2個
A｜かたくり粉…大さじ1・1/2
　｜水…60㎖
しょうゆ…小さじ1/2
B｜ゆでだこ…70g
　｜万能ねぎ…20g
　｜紅しょうが…10g
サラダ油…小さじ2
お好み焼き用ソース・青のり・けずりかつお…各適量

作り方（調理時間15分）

1 万能ねぎは小口切りにする。たこは薄切りにする。

2 ボールにAを合わせて泡立器で混ぜ、卵を割りほぐして加える。しょうゆを加えて混ぜる。

3 フライパンに油小さじ1を中火で温め、2の半量を流し入れる。

4 3が半熟のうちに、手前にBの半量を順にのせる。ふたをして、たこが温まるまで1分ほど蒸し焼きにする。卵を2つ折りにし（写真a）、器に盛る。ソース、青のり、けずりかつおをかける。もう1つ作る。

1人分186kcal　塩分1.5g

たこ焼きやお好み焼きのような味わいのオムレツです。
（札幌教室　江向敦子）

「トマト」があれば…

丸ごとトマトのサラダ

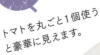

トマトを丸ごと1個使うと豪華に見えます。

材料（2人分）
トマト…小2個（200g）
A｜たまねぎ（みじん切り）…25g
　｜酢…大さじ1
　｜塩・こしょう…各少々
　｜オリーブ油…大さじ1
ブロッコリースプラウト…少々

作り方（調理時間10分 冷やす時間は除く）

1. トマトのへたを包丁でくり抜く。熱湯にさっとつけて（写真a）水にとり、皮をむく（湯むき）。へたの反対側に、食べやすいように3〜4cm深さの十字の切りこみを入れる。Aは合わせる。

2. トマトを1個ずつ器に入れ、Aを半量ずつかけて冷蔵庫で冷やす。スプラウトは根元を落とし、食べる直前にのせる。

1人分94kcal　塩分0.2g

おもてなしの前菜にも、うってつけです。
（渋谷教室　原田択子）

「ごはん」があれば…

チーズ入りごはんお焼き

先生のココがidea

小麦粉を水で溶いて、ごはんに混ぜるので、食べるときにボロボロしません。

材料（4個分）

温かいごはん…200g
A｜小麦粉…50g
　｜水…50mℓ
チーズ*…50g
サラダ油…小さじ1
B｜砂糖…大さじ1
　｜しょうゆ…大さじ2

*カマンベールチーズやプロセスチーズなど、好みのもの。

作り方（調理時間15分）

1 チーズは4等分に切る。Bは合わせる。
2 ボールにAを合わせて混ぜ、ごはんを加えて混ぜる。4等分して中心にチーズを1切れずつ入れ、丸く形作る。
3 フライパンに油を温め、2の両面を弱めの中火で5〜6分かけて焼く。Bを回し入れてからめる。

1個分193kcal　塩分1.7g

中のチーズは、ゴルゴンゾーラも意外に合います。
（大宮教室　小西幸枝）

「とうふ」と「キムチ」があれば…

とうふのチヂミ

先生のココがidea
とうふは水きりなし。とうふの水分だけで生地を作ります。

材料（4人分）

とうふ（絹）…2/3丁（200g）
卵…2個
小麦粉…100g
A｜万能ねぎ…4本
　｜はくさいキムチ（カット）
　｜　…50g
　｜揚げ玉…30g
ごま油…大さじ1
七味とうがらし…少々
ぽん酢しょうゆ…適量

作り方（調理時間15分）

1 万能ねぎは小口切りにする。キムチは大きければひと口大に切る。

2 ボールに卵を割りほぐす。とうふを加えて、泡立器でとうふをくずしながらなめらかになるまで混ぜる（写真a）。小麦粉を加えて混ぜ、Aを加えてざっくりと混ぜる。

3 8個ずつ2回に分けて焼く。フライパンにごま油大さじ1/2を中火で温め、2をスプーンですくって丸く落とし入れる。ふたをして、焼き色がつくまで両面を蒸し焼きにする。残りも同様にして焼く。

4 皿に盛り、七味をふる。ぽん酢しょうゆをつけて食べる。

1人分206kcal　塩分0.6g

冷蔵庫にあるもので作れ、ふっくらと焼きあがり、美味です。
（名古屋教室　中西美結）

おもてなしの
アイディアおかず

「豚ロース肉（かたまり）」と「キャベツ」で…

豚肉と野菜の蒸し煮

材料（4人分）

豚ロース肉*（かたまり）…500g
A｜塩…小さじ1
　｜こしょう…少々
キャベツ…小1/2個（500g）
にんにく…2片（20g）
*肩ロースでも。

サラダ油…大さじ1/2
にんじん…1本（150g）
小たまねぎ…8個
B｜白ワイン・水…各200ml
　｜塩…ひとつまみ
マスタード…適量

作り方（調理時間50分）

1 豚肉の脂身に斜め格子状の切りこみを入れる（写真a、肩ロースの場合は、まわりに脂身がないので不要）。肉の全面にAをすりこむ。

2 キャベツは芯をつけたまま4つ割りにする。にんじんは7〜8mm厚さの輪切りにする。小たまねぎは皮をむく。

3 フライパンに油とにんにくを入れて中火にかけ、香りが出たら、脂身の面を下にして肉を入れる。脂が出たら、肉の全面を焼く。色が変わったら（中まで火が通っていなくてよい）、肉を深めの鍋に移し入れる。

4 続けて、フライパンにキャベツを入れ、肉の脂で焼き色がつくまで両面を中火で焼く。

5 肉の鍋ににんじん、小たまねぎを加え、キャベツとにんにくを移し入れる。Bを加えて火にかけ、煮立ったら弱火にし、鍋のふたをずらしてのせ30〜40分煮る。途中、1〜2度肉の上下を返す（写真b）。肉に竹串を刺して、透明な汁が出てきたら火を止める。

6 肉をとり出して食べやすく切り、野菜とともに器に盛る。煮汁をはり、マスタードをつけて食べる。

1人分412kcal　塩分1.5g

a

b

肉がしっとりとやわらかく煮えます。野菜のうま味がたっぷり溶け出したスープもおいしいですよ。
（名古屋教室　佐治千夏）

 >>> 「一尾魚」で…

アクアパッツァ

> アクアパッツァはかんたんなのに見ばえがよいので、よい魚が手に入ると作ります。じゃがいもを入れると、ボリュームが出ます。
> （町田教室　辻野千恵子）

材料（4人分）

白身の一尾魚＊…1～2尾（300g）
あさり（砂抜きずみ）…200g
えび（無頭）…4尾（80g）
たまねぎ（1cm幅に切る）
　　…1/2個（100g）
にんにく（薄切り）…2片（20g）
オリーブ油…大さじ2
A｜ドライトマト…4個（10g）
　｜オリーブ（緑・種なし）
　｜　…10個
B｜白ワイン…100mℓ
　｜水…100mℓ
イタリアンパセリ（3cm長さに切る）
　　…2枝
＊写真はいさきを使用。たいなどでも。

作り方（調理時間30分）

1 ドライトマトは1cm角に切る。

2 あさりは砂抜きし（p.43参照）、殻をこすり合わせて洗う。えびは殻つきのまま背わたをとる。

3 魚はうろこ、はらわた、えらをとる（店で頼んでも）。よく洗い、水気をふきとる。皮に切りこみを数本入れる。

4 魚が入る口径の鍋か深めのフライパンに、オリーブ油とにんにくを入れ弱火で温める。香りが出たら、たまねぎを加え、中火で炒める。

5 たまねぎに油がまわったら魚介を入れ、A、Bを加える。煮立ったらふたをして10～15分蒸し煮にし、塩・こしょう各少々（各材料外）で味をととのえる。器に盛り、パセリを添える。

1人分168kcal　塩分1.1g

プルーンの甘味でこっくりと煮えます。前日に煮てひと晩おくと、味がなじみます。
(横浜教室　三木有理)

「豚肩ロース肉（かたまり）」と「プルーン」で…

豚肩ロース肉のプルーン煮

材料（4人分）

豚肩ロース肉（かたまり）
　　…400g
　塩…小さじ1/6
　黒こしょう…少々
　小麦粉…大さじ1/2
たまねぎ（みじん切り）
　　…1/4個（50g）
にんにく（みじん切り）
　　…小1片（5g）
サラダ油…大さじ1
プルーン…80g
A｜しょうゆ…大さじ1
　｜赤ワイン…100㎖
水…150㎖

作り方（調理時間50分）

1. 豚肉は縦半分に切り、厚みを半分にする。塩、黒こしょうをふり、小麦粉を全面にまぶす。
2. 深めのフライパンに油大さじ1/2を温め、強めの中火で肉の全面を焼く（中まで火が通っていなくてよい）。肉をとり出す。
3. フライパンの脂をペーパータオルでふき、油大さじ1/2を温め、たまねぎとにんにくを入れて中火で炒める。油がまわったら、Aを加える。肉を戻し入れ、分量の水を加える。煮立ったらアクをとり、ふたをずらしてのせ、弱火で約15分煮る。
4. 3にプルーンを加え、煮汁がとろりとするまでさらに約20分煮る。器に盛り、好みのつけあわせを添える（写真はズッキーニのソテー）。

1人分357kcal　塩分1.1g

>>> 「牛もも肉（かたまり）」で…

和風ローストビーフ

大きなかたまりのままだと焼きづらいので、扱いやすいサイズにするのがポイント。フライパンひとつで作れます。
（横浜教室　富川陽子）

材料（4人分）
牛もも肉（かたまり）
　…400〜500g
　塩…小さじ1/4
サラダ油…小さじ1
A｜しょうゆ…大さじ4
　｜酢…大さじ2
　｜酒…大さじ2
ねぎ（白い部分）…1/2本
きゅうり…1本
かいわれだいこん（根元を落とす）
　…1パック（40g）
ポリ袋（約30cm大）…1枚

作り方（調理時間10分
　　　　もどす、つける時間は除く）

1　牛肉は厚みのあるものは約3cm厚さにし、室温にもどしておく。塩を全面にすりこむ。

2　フライパンに油を温めて肉を入れ、強めの中火で、濃い焼き色がつくまで全面を焼く（写真a、一面約30秒ずつがめやす。中まで火が通らなくてよい）。火を止め、ふたをして3分ほどむらす。

3　ポリ袋に肉とAを合わせて口を閉じ、室温に約20分おく。その後、冷蔵庫に1時間ほどおき、味をなじませる。

4　ねぎは芯を除き、せん切りにする。きゅうりは3〜4cm長さの細切りにする。3を好みの厚さにそぎ切りにし、野菜とともに皿に盛る。つけ汁をかける。

1人分285kcal　塩分1.5g

「スペアリブ」と「マーマレード」で…

スペアリブのマーマレード煮

材料（4人分）

豚スペアリブ（5〜6cm長さ）
　…800g
A ｜ マーマレード…100g
　｜ ねぎ（緑の部分）…10cm
　｜ にんにく…1片（10g）
　｜ しょうが…1かけ（10g）
　｜ 酒…100ml
　｜ しょうゆ…60ml
クレソン…4枝

作り方（調理時間50分）

1　にんにく、しょうがは薄切りにする。
2　厚手の鍋にスペアリブを入れ、肉がひたるくらいの水を加える。強火にかけ、沸騰したらアクをとる。
3　Aを加え、煮汁が少なくなるまで中火で30〜40分煮る。
4　器にスペアリブを盛り、煮汁をかける。クレソンを添える。

1人分 662kcal　塩分 2.8g

味にくせのあるスペアリブも、マーマレードでまろやかになります。マッシュポテトを添えてもおいしいですよ。
（福岡教室　村上美絵）

>>> 「かぼちゃ」で…

かぼちゃコロッケ

材料（8個分）

かぼちゃ…300g
　塩・こしょう…各少々
ベーコン（厚切り）…40g
プロセスチーズ…個包装2個（30g）
衣｜小麦粉…大さじ1・1/2
　　｜卵水…［とき卵1/2個分
　　｜　　　＋水大さじ1/2］
　　｜パン粉…カップ1/2（20g）
揚げ油…適量

> チーズ入りで丸く作ると、幼い孫がパクパクと食べます。パン粉をつけるときは、生地をころがすようにするとつけやすい。
> （神戸教室　岡山恵子）

作り方（調理時間20分）

1. かぼちゃは種を除き、ひと口大に切る。耐熱容器に並べ、ラップをかけて電子レンジで4〜5分（500W）、やわらかくなるまで加熱する。チーズは1個を4等分にする。ベーコンは5mm角に切る。
2. かぼちゃは熱いうちに皮ごとつぶし、塩、こしょうをふる。ベーコンを加えて混ぜ、8等分にする。
3. 2のあら熱がとれたら、中心にチーズを入れて、丸く形作る。衣を順につける。
4. 揚げ油を170℃に熱し、3を色よく揚げる。器に盛る。

1個分152cal　塩分1.2g

「米」と「サラミ」で…

サラミライス

> サラミのコクで、大人っぽい味わいのピラフに。大皿に盛って、ゆで卵も一緒に飾ると、パーティにうってつけ。
> （仙台教室　今野敬子）

材料（2人分）

- 米…米用カップ1（180㎖・150g）
- ドライサラミ…100g
- A
  - にんじん…30g
  - セロリ…小1本（70g）
  - たまねぎ…1/4個（50g）
  - にんにく…1片（10g）
- オリーブ油…小さじ2
- B
  - 湯…150㎖
  - 固形スープの素（くだく）…1個
  - 白ワイン…大さじ2
  - ローリエ…1枚
- イタリアンパセリ…1枝
- オリーブ（黒・種なし）…4個
- レモン…1/4個

作り方（調理時間20分　炊く時間は除く）

1. Bのスープの素は分量の湯に溶かし、さましておく。

2. にんじん、セロリは7〜8mm角に切る。たまねぎ、にんにくはみじん切りにする。サラミはあれば皮を除き、1cm角に切る。

3. フライパンにオリーブ油を温め、Aを中火で炒める。たまねぎが透き通ったら、サラミを加えてさらに炒め、油がまわったら、米（洗わない）を加えて透き通るまで2分ほど炒める。炊飯器に入れ、Bを加えてひと混ぜし、ふつうに炊く。

4. パセリは3cm長さに切る。オリーブは3〜4つに切る。レモンはくし形に切って半分にする。器に3を盛り、オリーブを散らす。レモンとパセリを添える。

1人分590kcal　塩分2.8g

ベターホームのお料理教室

ベターホーム協会は1963年創立。「心豊かな質の高い暮らし」をめざし、日本の家庭料理や暮らしの知恵を、生活者の視点から伝えています。活動の中心である「ベターホームのお料理教室」は、全国で開催。毎日の食事作りに役立つ料理の知識や知恵、健康に暮らすための知識などをわかりやすく教えています。

資料請求のご案内

お料理教室の開講は、5月と11月。パンフレットをお送りします。
ホームページからも請求できます。
http://www.betterhome.jp

本部事務局	TEL 03-3407-0471	大阪事務局	TEL 06-6376-2601
名古屋事務局	TEL 052-973-1391	札幌事務局	TEL 011-222-3078
福岡事務局	TEL 092-714-2411	仙台教室	TEL 022-224-2228

料理研究	ベターホーム協会（羽村雅子・山﨑利恵子）
撮影	鈴木正美（studio orange）
スタイリング	半田今日子
イラスト	須山奈津希
デザイン	林 陽子（Sparrow Design）
校正	武藤結子
編集	ベターホーム協会（浜村真優美）

忙しくても作れる！
料理教室の先生のアイディアおかず

初版発行／2016年9月1日
定価／1200円＋税
編集・発行／ベターホーム協会

〒150-8363
東京都渋谷区渋谷1-15-12
＜編集・お料理教室のお問い合わせ＞ TEL 03-3407-0471
＜出版営業＞ TEL 03-3407-4871
http://www.betterhome.jp
ISBN978-4-86586-028-3
乱丁・落丁はお取替えします。本書の無断転載を禁じます。
© The Better Home Association, 2016, Printed in Japan